101 QUESTIONS SUR

TikTok

Dans la même collection

101 questions sur Instagram, Jean-Noël Chaintreuil, 2018.
101 questions sur LinkedIn, Céline Lappas et Jean-Noël Chaintreuil, 2014, 2018.
101 questions sur Viadeo, Benjamin Fouks et André Dan, 2014.
101 questions juridiques sur les réseaux sociaux, Cédric Manara, 2013.
101 questions sur Twitter, Émilie Ogez et Jean-Noël Chaintreuil, 2012.
101 questions sur les réseaux sociaux d'entreprise, Anthony Poncier, 2012.

Collection dirigée par Jean-Noël Chaintreuil.

Crédits photographiques : © Camille de Kernavanoix pour le portrait de Jean-Noël Chaintreuil, © Vanina Sarafova pour le portrait de Johanna Lemler.

ISBN : 978-2-35456-496-4

www.diateino.com
contact@diateino.com
fr.linkedin.com/company/diateino
@diateino

Jean-Noël **Chaintreuil**

Johanna **Lemler**

101 QUESTIONS SUR

TikTok

diateino

Sommaire

Influenceurs et marques sur TikTok

Publicité et vente sur TikTok

TikTok, une plateforme militante

Je suis une entreprise sur TikTok

Je suis une personnalité politique sur TikTok

Je suis un artiste sur TikTok

Je suis un établissement public sur TikTok

TikTok, une plateforme insolite

Conclusion

Introduction

Contre l'imprévisibilité,
contre la chaotique incertitude de l'avenir,
le remède se trouve dans la faculté de faire
et de tenir des promesses.
- Hannah Arendt

Et notre promesse pour vous sera, sans hésiter, qu'il existera un « avant » et un « après » la lecture de ce guide d'utilisation de TikTok.

En effet, TikTok peut vous paraître chaotique et imprévisible, mais, si vous saviez les trésors que renferme cet univers, vous plongeriez directement dedans, sans même prendre le temps de parcourir l'ensemble de ce guide.

Que vous souhaitiez apprendre à danser, vous lancer dans le trading du bitcoin, gagner en visibilité, être le prochain Robert Doisneau, recruter vos collaborateurs ou être recruté pour vos talents, promouvoir votre nouveau crayon à sourcils au travers d'une routine beauté, fidéliser une nouvelle communauté en explicitant au plus juste vos valeurs, mieux connaître vos clients, plonger dans l'e-sport, découvrir les vestiaires de vos équipes de basket-ball préférées ou repérer les mannequins de votre prochaine campagne publicitaire, TikTok sera votre meilleur atout.

Alors, embarquez avec nous – car bien que nous ne soyons pas de la génération Z, nous connaissons depuis des années les mécanismes du numérique et de nombreux experts qui nous ont accompagnés[1] – vers une terre qui peut vous sembler mystérieuse, mais qui vous révélera de nombreux secrets, et qui vous étonnera à chaque pas !

1 - Et nous (Johanna, Benjamin et Jean-Noël) en profitons pour les remercier encore et encore : Émilie, Céline, Alice, Soraya, Marie, Camille, Lila, Karim, Mathieu F. et Matthieu B.

Préface de Yann Bouvier (*alias* YannToutCourt)

« TikTok, c'est pas sérieux. » « C'est bon pour les ados. »

Voilà ce que l'on peut entendre et ce que l'on peut penser, bien souvent, du réseau social développé par l'entreprise chinoise ByteDance qui, depuis une poignée d'années, déferle sur le monde, balayant tout sur son passage. Comme si l'incompréhension et la sidération l'emportaient sur toute réflexion.

Il y a pourtant, dans ces assertions, un fond de vérité, qui agresse chaque personne débarquant dans les « Pour toi » de l'application : vidéos à l'humour plus ou moins bien senti, chorégraphies toutes similaires portées par le son du moment (le *trend*), défis oscillant entre originalité et « gênance », vocabulaire déconcertant...

Et puis l'algorithme – secret le mieux gardé de TikTok – se glisse sous le rideau, entre en scène et vous empoigne, pour ne plus vous lâcher. Il vous délivre des vidéos de plus en plus addictives, de plus en plus proches de vos centres d'intérêt – ou de votre besoin immédiat de lâcher prise –, et vous voilà happé, tant comme spectateur que comme créateur en devenir.

Qu'on y adhère ou non, qu'on le reconnaisse ou non, TikTok est un phénomène numérique et social sans précédent, qui s'est imposé comme le site le plus visité de la planète en moins de quatre années. On peut s'en désintéresser, observer le phénomène avec une condescendance assumée ou amusée. Pourtant, le constat est là, implacable : il faut compter avec TikTok.

C'est ce qui m'a poussé à m'y inscrire, fin 2019, pour le comprendre et, par là même, m'accorder avec les préoccupations de mes élèves, diminuer le fossé qui nous sépare, et adapter ma pédagogie à cette nouvelle donne de l'hyperzapping qui, qu'on l'adopte ou la conspue, existe.

Je me suis pris au jeu, y suis devenu un créateur actif, dont les plus de 600 capsules pédagogiques et synthétiques – peut-on vraiment concilier ces deux visées ? – ont trouvé leur public.

Explorer TikTok, c'est être dépaysé, désarçonné puis – progressivement et bien souvent – fasciné. Que le voyage dure quelques jours ou des années, il s'est imposé comme une flânerie incontournable.

Alors, ouvrez grand les yeux !

*Professeur d'histoire et de géopolitique en lycée, **Yann Bouvier** compte plus de 500 000 abonnés sur TikTok, où il propose des vidéos de vulgarisation et d'aide méthodologique.*

TikTok en bref

1

Pourquoi ce livre ?

TikTok est devenu, en moins de cinq ans, un phénomène planétaire. Passant d'une simple application mobile de chansons en Chine en 2016 à une plateforme sociale rassemblant plus d'un milliard d'utilisateurs chaque mois dans le monde.

C'est la deuxième application la plus téléchargée au monde, hors jeux vidéo, derrière WhatsApp.

TikTok, c'est un univers de challenges de danse entre amis, de recettes en pas-à-pas, de routines beauté authentiques et instructives, de mèmes, d'artistes qui assurent leur promotion musicale et de créations aux effets psychédéliques qui remplissent les flux TikTok de la majorité des utilisateurs individuels.

Les marques - principalement dans le lifestyle, la beauté et la mode -, mais aussi les politiques, les ONG[1] et les universités intègrent TikTok dans leur stratégie de communication. Leur objectif est d'accroître leur visibilité, de promouvoir différemment leurs messages, produits ou services, et d'inciter à l'action (achat, vote, don, inscription...).

TikTok, c'est aussi un réseau social qui a créé des controverses, avec les interdictions temporaires en 2020 en Inde, puis aux États-Unis sous la présidence Trump. Sont pointés du doigt également

---

1 - ONG : Organisation non gouvernementale.

certains contenus jugés inappropriés, notamment pour le jeune public.

Pour comprendre les différentes facettes et subtilités de TikTok, nous avons réuni plusieurs utilisateurs experts (individuels ou responsables de marques) pour qu'ils vous fassent partager leurs usages quotidiens et les astuces qui feront de vous un TikTokeur éclairé.

Vous souhaitez vous servir de TikTok pour mieux comprendre vos adolescents ? Découvrir de nouvelles musiques ? Lancer des challenges sportifs ou chorégraphiques ? Optimiser votre présence sociale pour accroître votre trafic ou recruter ? Devenir un influenceur et créer des contenus sponsorisés par vos marques préférées ?

Vous trouverez votre bonheur au travers de ces pages.

Bonne lecture, et à très vite sur TikTok pour échanger !

2

Comment utiliser ce livre ?

Il existe 101 façons d'utiliser cet ouvrage. Plus qu'un tutoriel méthodique, ce livre est un guide conçu pour que vous puissiez déambuler, vous perdre, vous retrouver, piocher les informations dont vous avez besoin. C'est donc une boîte à outils, dont le découpage thématique vous permettra de trouver des réponses à votre rythme et selon vos envies.

Les chapitres 1 et 2 vous apportent un éclairage sur ce qu'est concrètement TikTok, et vous présentent les bases de la plateforme. Vous y êtes guidé dans vos premiers pas (création de profil, partage de posts, développement de visibilité…). Les questions de confidentialité, de sécurité et de protection des données sont abordées dans les chapitres 3 et 4. Ensuite, votre montée en compétences se fera grâce aux chapitres 5 à 9, avec des réponses à des questions plus précises, notamment sur les enjeux de l'influence et les mécaniques publicitaires.

Les chapitres 10 à 15 vous offrent des témoignages de TikTokeurs amateurs et professionnels, de marques, d'entreprises et d'organisations. Ces utilisateurs enrichiront votre apprentissage en vous faisant profiter de leur expérience, et avec leurs astuces, leurs clins d'œil insolites ainsi que leurs secrets. Laissez-vous surprendre par la richesse et la diversité des usages et des utilisateurs de TikTok, tous auront quelque chose à vous faire découvrir et à vous apprendre !

3

Mais TikTok, c'est quoi au juste ?

TikTok est une application mobile de partage de vidéos et de réseautage social.

L'application permet aux utilisateurs de consulter et de créer des vidéos courtes, de 3 secondes à 5 minutes, accompagnées de musique et d'effets graphiques.

Lorsque vous ouvrez l'application mobile TikTok, une vidéo se lance automatiquement. Vous avez le choix entre regarder la vidéo jusqu'au bout ou accéder à une vidéo suivante (en « swipant », c'est-à-dire en balayant l'écran vers le haut avec votre doigt). Si vous souhaitez revisionner la vidéo précédente, il suffit de « swiper » vers le bas.

Vous pouvez donner une appréciation positive (fonction « J'aime ») à la vidéo, rédiger un commentaire, partager la vidéo, ou l'enregistrer dans vos favoris.

Les utilisateurs peuvent publier soit des vidéos qu'ils ont filmées sur l'instant, soit des vidéos déjà créées, ou même des photos.

Pour capter rapidement l'attention de leur audience, ils jouent sur de nombreux éléments sonores, rythmiques et visuels afin de rendre leurs contenus vidéo plus captivants.

TikTok intègre ainsi une bibliothèque de musiques, d'autocollants (appelés « stickers »), de GIF, mais aussi des formats d'effets précalibrés pour en faciliter l'ajout dans les vidéos.

Une fois la vidéo créée, l'utilisateur peut donc la « partager » sur TikTok ; elle sera ainsi potentiellement visible par l'ensemble des personnes inscrites sur la plateforme.

Enfin, comme la majorité des réseaux sociaux, TikTok permet également de dialoguer avec les autres membres, via la messagerie interne, appelée « Messages directs ».

4

Quelles sont les dates clés de TikTok ?

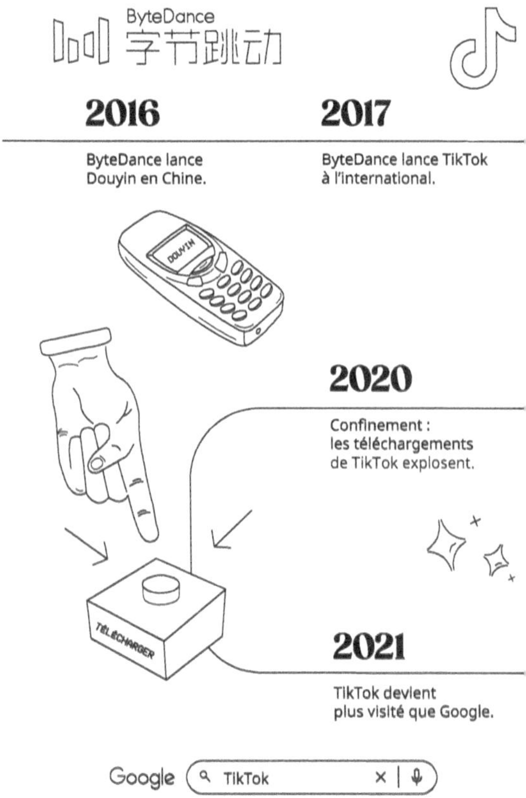

TikTok

2018

En juin, la plateforme atteint 150 millions d'utilisateurs actifs quotidiens.

2019

TikTok est condamné à 5,7 millions de dollars d'amende pour collecte illégale de données.

2022

...

5

Quels sont les chiffres à retenir pour TikTok ?

13 ans
est l'âge minimum, selon les conditions annoncées, pour ouvrir un compte.

+3 milliards
de téléchargements (juillet 2021).

1 milliard
d'utilisateurs actifs mensuels dans le monde, dont 100 millions aux USA.

+100 millions
d'utilisateurs en Europe.

28 % des utilisateurs
de TikTok sont indonésiens.

16 % sont aux États-Unis.

15 % sont brésiliens.

73 % des utilisateurs
ouvrent TikTok plusieurs fois par jour.

Charli D'Amelio,
138 millions de followers

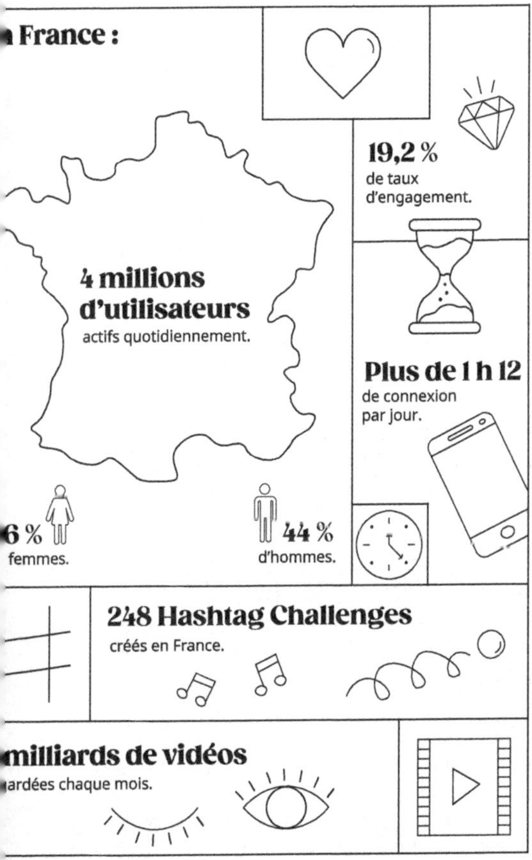
France :
19,2 %
de taux
d'engagement.
4 millions
d'utilisateurs
actifs quotidiennement.
Plus de 1 h 12
de connexion
par jour.
6 %
femmes.
44 %
d'hommes.
248 Hashtag Challenges
créés en France.
milliards de vidéos
ardées chaque mois.

6

À quoi sert TikTok ?

Longtemps présentée comme une plateforme de play-back ou de *lip-sync*[1] utilisée par les plus jeunes, TikTok a évolué en un réseau social solide, levier d'engagement et d'apprentissage individuel et professionnel, présent dans de nombreuses stratégies d'entreprises, et ce à différents niveaux :

- **Pour établir une stratégie de communication** (notoriété de la marque, découverte) autour des produits, des services ou des valeurs de marque ; voire une stratégie de marque employeur (attraction et fidélisation de collaborateurs) mettant en avant les valeurs de l'entreprise.
- **Pour établir une stratégie d'engagement** (via les challenges, les filtres, les concours, la publicité ciblée, etc.) auprès de populations spécifiques.

Dans cette continuité, on voit que les professionnels politiques (élus, nommés, conseillers ou en support) usent des mêmes outils pour impliquer et engager leurs électeurs, quels que soient leur âge et leur localisation.

1 - *Lip-sync* : anglicisme désignant la synchronisation labiale. C'est un ensemble de techniques donnant l'illusion que le mouvement des lèvres d'une personne est synchrone avec les paroles ou les sons qu'elle est censée prononcer.

Et enfin, à titre personnel, ne nous privons pas du plaisir de voir également TikTok sur deux piliers, certes moins rémunérateurs, mais tellement plus plaisants :

- **Une plateforme de contenus courts d'apprentissage sans fin** : du bricolage, de la cuisine, de la danse, des routines de maquillage, des conseils boursiers - voire pour des gains en cryptomonnaies.
- **Une source inépuisable de mèmes, de parodies et de détours ironiques**, qui nous permet de relativiser bien des sujets d'actualité.

Des ONG, universités et artistes - qu'ils soient nationaux ou internationaux - sont également présents sur TikTok. Leur objectif étant de toucher un plus large public ou de rester en contact avec leur cœur de cible.

Les possibilités sont multiples et ne demandent qu'à être détaillées selon les objectifs de chacun. Ce qui est sûr, c'est que, pour l'instant, il n'existe que peu de stratégies sociales qui peuvent se passer d'un levier d'action et d'engagement tel que TikTok.

7

Qui utilise TikTok ?

Quand on parle de TikTok, s'impose souvent l'image d'ados en train de danser dans leur chambre sur des sons à la mode. TikTok, c'est, bien sûr, des chorégraphies faites par des jeunes utilisateurs, mais c'est un univers plus large, plus varié.

Tentons de déconstruire les quatre principaux clichés et découvrons qui sont ses utilisateurs[1].

Cliché n° 1 : Il n'y a que les ados qui utilisent TikTok

Certes, la génération Z est la plus présente sur l'application : 41 % des visiteurs quotidiens de TikTok se situent dans la tranche des 16-24 ans. Mais on en dénombre aussi 6 % chez les 25-49 ans, et 31 % parmi les 50 ans et plus. En France, 70 % des utilisateurs de TikTok ont plus de 18 ans.

À noter que 67 % des utilisateurs partagent des vidéos avec leurs amis ou leur famille.

Cliché n° 2 : Il n'y a que les femmes qui utilisent TikTok

Il y a un peu de vrai. En octobre 2021, 56,1 % des utilisateurs de TikTok étaient des femmes ; 43,9 %, des hommes. L'écart le plus important se trouve dans la tranche d'âge 18-24 ans, dont

1 - Source : « Rapport annuel de 2022 », établi par Wearesocial et Hootsuite®, consultable sur le site www.wearesocial.com

les utilisatrices représentent 24,7 %, contre 18,1 % pour les utilisateurs masculins.

Concernant l'audience principale des influenceurs de TikTok en France, celle-ci est majoritairement constituée de femmes entre 13 et 24 ans (51,3 % de l'audience), contre 23,6 % d'hommes de cette même tranche d'âge.

Cliché n° 3 : Ce n'est utilisé qu'en Chine et aux États-Unis

Pas seulement ! TikTok est disponible dans plus de 155 pays et dans 75 langues. Après la Chine et les États-Unis, les marchés les plus populaires de TikTok sont l'Indonésie, le Brésil, la Russie, le Mexique et le Vietnam.

La France serait le 14e marché mondial de TikTok, avec 22 % d'utilisateurs français qui y sont connectés tous les mois.

Cliché n° 4 : Ce n'est destiné, comme d'habitude, qu'aux marques « fun »

C'est faux ! Aux côtés de grandes marques « fun » comme Oasis, Oreo, ASOS ou Netflix, TikTok est le terrain d'expression d'une variété de petites, moyennes et grandes entreprises de tous secteurs d'activité. Vous trouverez ainsi des fleuristes, des cabinets d'avocats, des sociétés vendant des roulements à billes, et même des spécialistes de la cocotte en fonte[2].

---

2 - Voir question 74 : « Comment TikTok a-t-il permis à la marque française Le Creuset de passionner des millions d'adolescents américains ? »

8

Comment TikTok est-il devenu mondialement connu ?

Le nom un peu décalé et l'utilisation très simple de l'application ont contribué à la popularité de TikTok. Mais c'est véritablement sa stratégie publicitaire très agressive qui a permis de faire connaître le réseau social au plus grand nombre.

TikTok n'a pas hésité à dépenser sans compter chez ses concurrents pour attirer une nouvelle audience. Ainsi, il était impossible de passer à côté de ses vidéos sur YouTube ou Instagram. Elles reprenaient le meilleur de la plateforme, avec notamment des musiques entêtantes. C'est par ce biais que beaucoup ont été amenés à télécharger l'application.

L'autre facteur de succès tient dans l'algorithme basé d'abord sur le contenu plutôt que sur les interactions. Là où Facebook et Instagram utilisent un Open Graph[1], TikTok travaille, lui, sur un Content Graph. Le contenu qui est proposé se fonde moins sur les gens que vous suivez ou ce qu'ils aiment que sur des contenus que TikTok

---

1 - L'Open Graph est un protocole qui permet de mettre en avant certains contenus en se fondant sur les interactions sociales entre les utilisateurs. Plus vous aimez ce que fait un créateur et plus vous interagissez avec lui, plus l'Open Graph vous montrera les contenus de ce créateur au détriment des autres.

vous envoie régulièrement en test pour voir si vous les appréciez. En quelques jours, TikTok vous connaît déjà très bien. Certains utilisateurs font d'ailleurs de l'humour à ce sujet[2], en faisant ce genre d'observation : « J'ai mis 15 ans à comprendre que j'étais gay, TikTok l'a compris en 48 heures. »

Enfin, la volonté des États-Unis, sous la présidence Trump, de faire racheter une partie de TikTok par une entreprise américaine, pour des raisons de sécurité des données utilisateurs, lui a servi d'accélérateur. Cette volonté semble avoir été expurgée par l'administration Biden et a offert à la plateforme un nouveau coup de projecteur. Cela a renforcé les liens de ses utilisateurs américains, qui ont craint de ne plus pouvoir y accéder.

2 - Par exemple, la journaliste Jess Joho.

9

Pourquoi TikTok réussit-il mieux que ses concurrents ?

La réponse tient en quelques mots : l'apprentissage des échecs des plateformes précédentes.

En effet, TikTok a compris que, pour réussir, il fallait bien s'adresser à trois publics : les utilisateurs, les influenceurs, et les marques. Les trois y trouvent leur compte d'abord en matière de performances. L'engagement (vues et likes, notamment) est particulièrement haut. S'agissant des deux premiers, TikTok a su les fidéliser entre autres avec son Fonds pour les créateurs, qui leur permet de gagner de l'argent selon leurs performances (à partir de 10 000 abonnés). Les montants ne sont pas colossaux, mais c'est la première fois qu'une plateforme permet au tout-venant de gagner de l'argent. Enfin, concernant les marques, TikTok a élaboré un ensemble de formats publicitaires très innovants, tout en les rassurant sur l'aspect *brand safety* de la plateforme, i.e. sur le fait que leurs contenus publicitaires ne se retrouvent pas à côté de contenus potentiellement problématiques. Ce dernier point prend plus de temps, mais la croissance insolente de l'audience de TikTok devrait accélérer la prise de décision des marques.

En parallèle, TikTok a misé, dès le début, sur une utilisation très intelligente de la musique et de l'audio de manière générale. Sur la plupart des plateformes, l'utilisation de musique soumise à des droits engendre une suppression des contenus liés, ou un bannissement des comptes associés. TikTok a réussi à s'attirer les faveurs des majors, et a fait du son une partie intégrante de l'expérience. La musique, c'est de l'émotion. Le son à l'ère TikTok, c'est une opportunité incroyable pour le monde de la musique, et une façon d'ancrer des souvenirs. À force d'écouter un extrait musical de 30 secondes sur TikTok, encore et encore, on en arrive à chercher à écouter le morceau entièrement. Et le faire nous donne aussi envie de retourner sur TikTok.

Enfin, la dernière carte de cette réussite relève sans conteste de la captologie[1].

C'est l'usage de la technologie pour influencer le comportement des utilisateurs, pour conserver leur attention un maximum de temps.

Par exemple, une notification pousse à regarder son téléphone, ou un épisode de série démarre automatiquement à la fin du précédent, et comment résister à la tentation ?

TikTok[2] n'a pas d'horloge constamment visible à l'écran. L'objectif est clairement de faire perdre toute notion de temps à l'utilisateur afin qu'il reste le plus longtemps possible sur la plateforme.

1 - Le terme comme le champ d'étude ont été inventés par B.J. Fogg, docteur en psychologie expérimentale et professeur à l'université de Stanford, en 1996.

2 - Tout comme le jeu vidéo de simulation de vie, *Animal Crossing*.

Se lancer sur TikTok

10

Comment démarrer sur TikTok ?

TikTok est disponible sur smartphone via Google Play (Android) ou via l'App Store (iOS).

Recherchez et installez l'application à partir de l'un des deux « stores ».

Le premier écran qui se présente à vous propose une sélection de thématiques susceptibles de vous intéresser. Faites votre choix dans la liste des propositions qui s'affiche ; cela permettra à TikTok de vous proposer un contenu en phase avec vos centres d'intérêt.

Après cette première étape, vous accédez à la page d'accueil – la page principale de TikTok –, qui comporte un onglet « Pour toi » proposant des vidéos sélectionnées par l'algorithme, au regard des données liées à votre smartphone et des centres d'intérêt choisis à l'étape précédente.

Il vous suffit de « swiper » vers le haut pour passer d'une vidéo à une autre ; et inversement pour revoir une vidéo.

À droite de la vidéo, plusieurs icônes alignées verticalement affichent les différentes options d'interaction avec le contenu, un compteur de commentaires et de likes, et une option d'abonnement rapide.

La première icône, en partant du haut, vous permet d'accéder et de vous abonner rapidement au compte ayant publié la vidéo. Vous pouvez liker la vidéo en cours (icône cœur), accéder aux commentaires, partager la publication sur d'autres réseaux. Juste après, l'icône cercle permet d'accéder à toutes les vidéos utilisant la bande sonore en arrière-plan. Vous pouvez facilement identifier les challenges les plus populaires du moment.

Astuce : il est tout à fait possible d'utiliser TikTok sur son ordinateur. Son utilisation est la même que sur téléphone ; il y est donc possible d'uploader des vidéos, de répondre à ses messages privés et de suivre ses abonnements.

11

Comment créer son compte ?

Après ces premiers pas sur TikTok, vous pouvez créer votre propre profil afin d'accéder à l'intégralité des vidéos publiques postées et des fonctionnalités d'interaction de l'application (commenter, liker, s'abonner, partager).

TikTok permet d'avoir un aperçu des publications avant de favoriser la viralité des contenus, de susciter la curiosité de nouveaux utilisateurs et de donner l'occasion aux personnes qui ne souhaitent pas s'inscrire sur ce réseau de visionner, tout de même, une vidéo, via d'autres réseaux sociaux ou messageries instantanées.

En bas de l'écran, à droite, s'affiche une icône avatar « Profil ». En cliquant, vous verrez apparaître un écran d'inscription, qui vous proposera différentes manières de créer un compte : via numéro de téléphone, e-mail, mais également grâce à vos comptes Google, Facebook, Twitter ou encore Instagram.

Si vous ne souhaitez pas utiliser votre numéro de téléphone portable, vous pouvez opter pour un alias - si vous avez une adresse Gmail, avec la structure suivante, par exemple : votreemail+tiktok@gmail.com. C'est une astuce simple et rapide afin d'identifier d'éventuelles utilisations non désirées de votre adresse de messagerie électronique.

Une fois la méthode d'identification choisie, TikTok vous demandera votre date de naissance afin de s'assurer du respect de l'âge minimal de ses utilisateurs (13 ans).

On vous demandera de créer un mot de passe, de 8 à 20 caractères, contenant des lettres, des chiffres et des caractères spéciaux.

Si vous souhaitez activer l'authentification à deux facteurs, il vous faudra renseigner, en plus de votre e-mail, un numéro de téléphone valable. Cette option est modifiable à tout moment dans l'onglet « Sécurité » dans les paramètres de votre compte.

12

Comment ajouter ou changer sa photo de profil ?

Une fois votre inscription validée, c'est le moment de personnaliser votre compte TikTok.

La première étape qui vient en tête est, bien évidemment, votre photo de profil. À vous de choisir le cliché qui vous correspond le mieux.

Si vous trouvez qu'une « simple » photo ne reflète pas votre personnalité sur TikTok, optez pour une vidéo de profil, voire pour un GIF de profil.

Pour ajouter ou modifier une photo ou une vidéo de profil :

1. Appuyez sur « Profil », en bas de l'écran, à droite.
2. Puis sur « Modifier le profil ».
3. Puis sur « Changer de photo » ou « Changer de vidéo ».
4. Pour une photo, sélectionnez « Prendre une photo » ou « Téléverser la photo ». Si vous optez pour une vidéo de profil, il vous faudra la télécharger directement à partir de la galerie de votre smartphone.

La taille minimale pour une photo de profil est de 20 x 20 pixels.

La vidéo de profil doit durer 6 secondes. Vous devrez donc trouver le passage idéal, puis la raccourcir pour l'intégrer à votre profil.

Lorsque vous intégrez une vidéo de profil, la photo de profil que vous avez définie ne s'affiche plus.

Si vous souhaitez intégrer un GIF à votre profil, il vous suffit de suivre les mêmes étapes que pour une vidéo de profil, puis de sélectionner le GIF via votre galerie de smartphone.

13

Comment personnaliser son profil ?

Une fois la photo de profil en place, vous pouvez accéder aux modifications de plusieurs éléments, tels que votre nom d'affichage de profil - votre pseudo (appelé aussi « nom d'utilisateur ») - et votre bio.

Personnalisez votre @nom d'utilisateur en optant pour un nom court, simple, facile à retenir. Évitez ainsi les combinaisons de lettres et de chiffres, ou encore les pseudos trop longs.

Si vous souhaitez afficher vos prénom et nom, envisagez, par exemple :

@damiendelpond
plutôt que : @d4miendelp0nddu78

Imaginons que vous aimiez donner des conseils sur l'usage du logiciel Excel, choisissez alors un pseudo tel que « @superexcel » ou « @exceleasy », au lieu de « @230megaastucessurlelogicielexcel ».

Pour modifier votre @nom d'utilisateur :

1. Appuyez sur « Profil », en bas à droite.
2. Puis sur « Modifier le profil ».
3. Saisissez le nom d'utilisateur de votre choix.

Si vous n'avez pas d'idée au moment de votre inscription, vous pouvez utiliser un pseudo temporaire attribué aléatoirement par Tiktok.

Votre nom d'utilisateur est modifiable une fois tous les 30 jours.

Si vous avez déjà une présence sur les autres réseaux sociaux, utilisez le même pseudo ; cela permettra aux utilisateurs de vous identifier rapidement.

Vous pouvez renseigner, ensuite, votre bio. Ce n'est pas un champ obligatoire, mais cela permet de vous présenter auprès des autres utilisateurs de façon succincte, en 80 caractères au maximum.

Enfin, vous avez la possibilité d'ajouter un lien vers vos comptes Instagram et YouTube.

14

Comment écrire une bio intéressante ?

L'ergonomie de TikTok et la « verticalité de l'attention » obligent à être très synthétique ; il est primordial de réussir à résumer votre personnalité et votre ligne éditoriale en une seule phrase.

Pour être efficace, cette phrase d'accroche doit attirer l'attention et la curiosité, afin que les utilisateurs passent à l'étape suivante, à savoir la découverte de vos publications.

Mettez-vous à la place d'une personne qui ne vous connaît pas et qui découvre votre compte pour la première fois. Dans ce cas, qu'est-ce qui susciterait votre attention et, potentiellement, un abonnement de votre part ?

Voici deux exemples de bio :

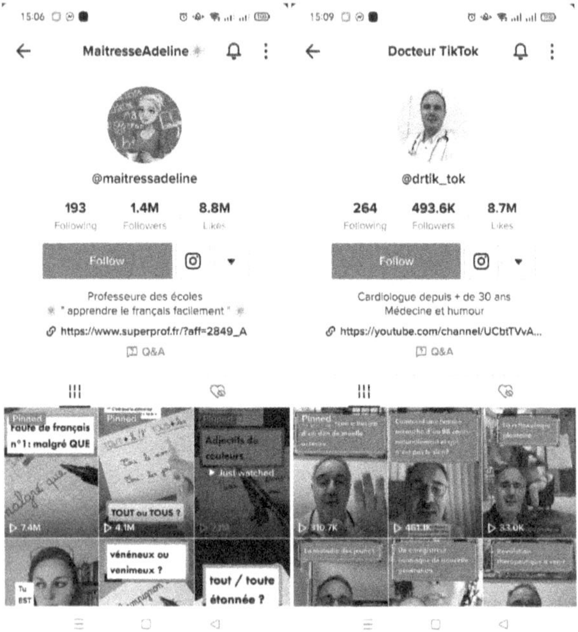

Ne soyez pas trop précis, dans votre description ; optez pour un trait d'esprit, convivial et révélateur de votre personnalité. Utilisez les emojis, si vous souhaitez faire un clin d'œil à un sujet, à une thématique précise ou à une référence de la culture populaire du moment. À noter que de nombreux comptes TikTok ont ajouté des emojis « flèche vers le bas » pour inciter les utilisateurs à cliquer sur le lien sous la bio.

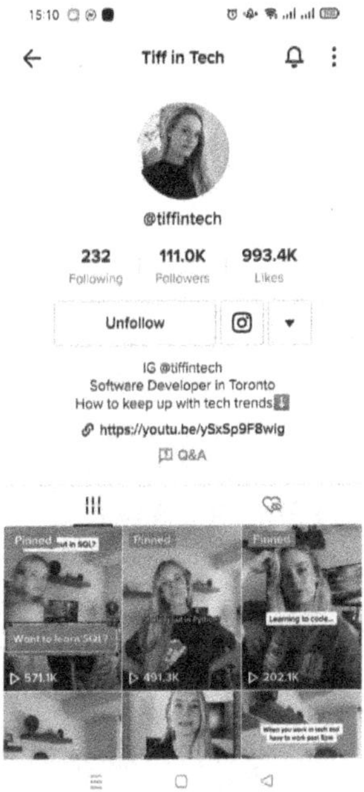

Une bio ne doit pas être figée, mais refléter votre humeur du moment, et - quand c'est le cas - servir de relais à votre créativité personnelle, ou professionnelle, qui mérite d'être partagée avec les utilisateurs.

Vous pouvez également enrichir votre bio avec un mini-site via Canva[1], ou un lien enrichi de type Linktree[2].

1 - www.canva.com
2 - https://linktr.ee

15

Quel format vidéo utiliser ?

Le format des vidéos recommandé par TikTok est le format 9:16 (mode portrait), avec une résolution minimale de 1920 x 1080 pixels - ce qui assure une visibilité sur tous les types de smartphones.

Il peut s'agir de fichiers .mp4 ou .mov - et TikTok peut également accepter les .avi et .mpeg. Pour les utilisateurs d'Android, la taille maximale est de 72 MB ; pour ceux d'iPhone, 287,6 MB.

Les formats horizontal (16:9, mode paysage) et carré (1:1) sont acceptés, mais ils offrent une expérience moins engageante. Une vidéo en mode paysage aura moins d'impact, et limitera l'immersion dans votre contenu, qui sera encadré de deux bandes noires.

La majorité des vidéos qui engagent le plus leur audience sont capturées directement depuis un smartphone - en mode portrait, avec une lumière naturelle -, et éditées nativement depuis TikTok.

Il existe également différents formats, accessibles aux annonceurs, pour créer des activations et de l'engagement ciblés[1]. Il est recommandé de créer des vidéos d'activation d'une durée comprise entre 9 et 15 secondes.

---

1 - Voir la question 64 : « Quels sont les différents formats de publicité ? »

16

Que ne doit-on pas faire sur TikTok ?

Vous pouvez rapidement devenir populaire, sur TikTok. Cependant, certaines actions sont à proscrire pour éviter de tomber dans l'oubli ou même d'être sanctionné par la plateforme.

1. Diffuser du contenu qui viole les directives TikTok

Comme toute plateforme sociale, TikTok applique des règles communautaires très strictes. Si vous enfreignez ces directives, le réseau social peut aller jusqu'à suspendre ou supprimer votre compte. Les interdictions concernent la production de contenus comportant de la nudité, de la drogue, des discours haineux, des vidéos dangereuses ou illégales, des fausses informations, etc. Selon la gravité de l'infraction, TikTok peut également empêcher vos vidéos d'apparaître sur la page d'accueil et dans les résultats des hashtags. C'est ce que l'on appelle le *shadowban*. Il aura un effet négatif sur la portée et les interactions de vos vidéos. De plus, vous n'aurez aucune information sur la durée de cette restriction de visibilité.

2. Acheter des followers

Oui, c'est simple, oui, c'est tentant, mais ce n'est pas la solution sur le long terme. Plusieurs raisons à cela. La première, c'est que vous aurez, certes, des milliers d'abonnés, mais peu d'interactions sous vos vidéos. Ensuite, TikTok analyse très régulièrement la véracité des profils des utilisateurs. Le réseau social supprime ainsi fréquemment des milliers de faux comptes. Vous risquez donc de vous retrouver, un matin, avec une perte de plusieurs milliers d'abonnés. TikTok sanctionne, par la même occasion, les comptes qui achètent des followers, et risque de vous « bannir » (*shadowban*).

3. Ne pas poster pendant plusieurs semaines

TikTok a besoin de contenus renouvelés. Ainsi, un utilisateur régulier aura plus de chances d'être mis en avant et de devenir viral qu'un utilisateur irrégulier. Si vous avez l'habitude de poster de manière régulière et que vous vous arrêtez, du jour au lendemain, pendant deux semaines, votre portée risque de diminuer. Démarrez en publiant deux à trois fois par semaine. Si vous le pouvez, faites une publication quotidienne, sans en négliger la qualité.

Quel que soit votre objectif sur TikTok, faites preuve de bon sens et de responsabilité pour publier vos contenus à rythme régulier.

17

Comment publier sa première vidéo ?

Vous êtes inscrit sur TikTok depuis quelques jours, semaines ou mois. Vous avez pris le temps de vous familiariser avec l'interface, ainsi qu'avec les us et coutumes de l'application.

Et, ça y est, vous vous sentez enfin prêt à publier votre première vidéo !

Vous allez voir, c'est un jeu d'enfant ! Suivez le guide...

Pour poster une vidéo sur TikTok, la première étape consiste à la créer.

Pour cela, l'application est très intuitive, il suffit d'appuyer sur le « + » sur votre écran, quelle que soit la page sur laquelle vous vous trouvez – « Pour toi », « Abonnements », « Profil » ou « Boîte de réception ».

Vous avez alors deux possibilités pour créer une vidéo :

- **Soit vous utilisez des contenus** (photos ou vidéos) **enregistrés dans votre appareil** (dans ce cas, cliquez sur « Téléverser »).
- **Soit vous réalisez la vidéo en utilisant la caméra avant/arrière TikTok.** Et, dans ce cas, vous devez appuyer et maintenir le bouton rouge pour lancer l'enregistrement d'un ou de plusieurs clips.

Une fois votre vidéo prise, vous pouvez la valider grâce au bouton « Check », à droite du bouton d'enregistrement. Elle vous est alors montrée.

Quel que soit le mode de création choisi, TikTok vous permet d'apporter différentes modifications à votre vidéo (sélection d'un son et/ou d'un filtre, ajout d'une voix off, modification de la vitesse, etc.), pour améliorer ou modifier l'aspect du sujet filmé, et ensuite, bien sûr, de la publier, accompagnée d'un texte.

Voici 3 conseils pour publier sur TikTok des vidéos qui sortent du lot :

- **Le texte est à positionner au-dessus de la tête du sujet.** On évite de mettre du texte en bas, car il pourrait être caché par la description et les hashtags.
- **Toujours mettre une musique tendance** - même si vous parlez ! Réduisez le volume à 3. Vous profitez ainsi du référencement de votre vidéo sur cette musique.
- **Variez les ajouts** textuels, stickers, polices et autres GIF, pour rendre la vidéo attractive et engageante.

18

Comment mettre de la musique sur TikTok ?

Un des meilleurs leviers d'engagement pour que vos vidéos deviennent virales est sans aucun doute la musique que vous choisissez.

Avec seulement quelques secondes de musique, vous permettez à une vidéo de devenir populaire ou à un(e) artiste de se faire connaître[1].

Soit vous avez déjà choisi la musique que vous souhaitez mettre en avant, et elle va devenir centrale pour votre vidéo (chorégraphie, challenge, etc.) ; soit vous laissez le hasard vous guider au travers de la bibliothèque de sons et de musiques présents dans l'application.

Voici, en quelques étapes, ce que vous allez faire :

1. Cliquez sur le symbole « + » en bas de l'écran, au centre, pour publier.
2. Avant de commencer l'enregistrement en appuyant sur le bouton rouge au centre, cliquez sur la barre « Ajouter un son » que vous voyez en haut de l'écran.
3. Vous ouvrez ainsi une nouvelle fenêtre vous montrant toute la musique disponible dans

---

1 - Par exemple : Wejdene avec *Anissa*, ou Carla avec *Bim bam toi*.

TikTok. Vous pouvez faire une recherche via le moteur de recherche en haut de la page, ou vous laisser porter par les recommandations

4. Choisissez, maintenant, la chanson, et adaptez le temps de l'extrait à votre vidéo comme vous le souhaitez - via le bouton de la colonne de droite « Couper ».

Et en avant la musique !

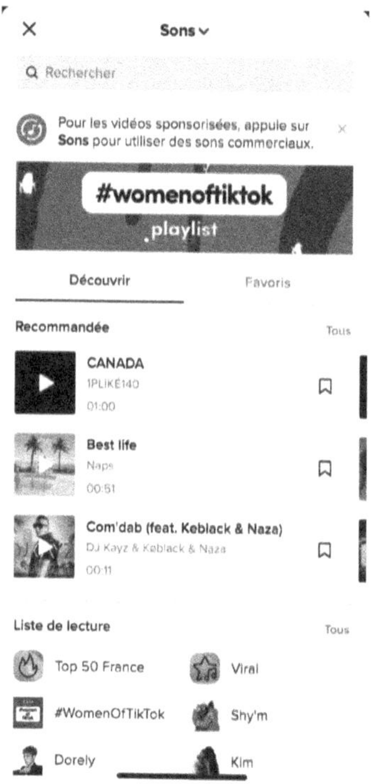

19

Que sont les « effets », et pourquoi les utiliser ?

Les effets, tout comme les filtres, sont des éléments qui permettent de personnaliser votre contenu. Ils englobent :

- les filtres ;
- les mouvements ;
- les stickers ;
- les transitions[1] ;
- les split ;
- le temps[2].

En utilisant les effets TikTok, vous pouvez complètement changer l'apparence de vos vidéos. Vous pouvez même utiliser un fond vert pour vous « téléporter » n'importe où.

Les filtres changent simplement la couleur et le ressenti de vos vidéos. Mais vous pouvez également ajouter des éléments dans l'environnement de vos vidéos ou modifier votre apparence.

Il existe plus de 500 effets, et des nouveaux sont créés régulièrement.

---

1 - Vous pouvez utiliser cet effet pour zoomer ou faire pivoter vos vidéos.

2 - Pour créer des effets de distorsion temporelle. Cet effet vous permet d'inverser, de répéter ou de ralentir vos vidéos.

Les principales catégories d'effets TikTok sont « Tendance », « Nouveau », « Interactif », « Édition », « Beauté », « Drôle » et « Monde ».

Selon les effets, il est possible de les ajouter avant ou après l'enregistrement de la vidéo.

Ils peuvent répondre à une tendance pour vous permettre de gagner en visibilité et en engagement.

Au-delà de l'aspect créatif, les effets peuvent entrer dans une stratégie plus fine. Par exemple, pour ses 100 ans, La Vache qui rit® a intégré, dans sa stratégie omnicanale, le lancement de son compte TikTok via un challenge #UnRireUnDon (#LaughToDonate, en anglais).

On pouvait alors jouer en utilisant le filtre[3] créé pour l'occasion, en accomplissant un acte solidaire, puisque tous les dons étaient récoltés au profit de l'association Le Rire médecin[4], « pour permettre de financer des visites de clowns auprès des enfants dans les hôpitaux français ». L'initiative était également menée à l'international auprès d'une vingtaine d'associations en faveur des enfants.

---

3 - « La Vache qui rit®, en collaboration avec Spark Foundry et TikTok, crée le défi #1Rire1Don », https://france.publicis-groupe.com.

4 - www.leriremedecin.org

20

Que sont les « filtres », et pourquoi les utiliser ?

Les filtres sont des calques pouvant être appliqués aux vidéos, afin de modifier leur apparence. Ils permettent de jouer sur la luminosité, la couleur, l'intensité de l'image de vos vidéos, mais sans en changer les éléments d'environnement.

Ils sont faciles à utiliser et permettent de capter l'attention de votre audience pour en augmenter l'engagement.

Vous pouvez ajouter les filtres avant ou après l'enregistrement de vos vidéos, et même après avoir utilisé des effets. C'est cumulatif.

Il existe plus d'une trentaine de filtres[1] permettant d'améliorer l'apparence de vos vidéos.

Ils sont rangés par catégories :
- portrait ;
- paysage ;
- nourriture ;
- vibe.

Bien entendu, vous avez la main pour gérer la force du filtre selon vos envies.

1 - Nous n'allons pas en faire une liste, mais vous inviter à explorer TikTok pour les découvrir.

À la fin de la liste des filtres, en cliquant sur « Gestion », vous pouvez déterminer lesquels vous souhaitez voir s'afficher prioritairement, pour retrouver plus facilement ceux que vous préférez, et supprimer ceux que vous n'utilisez jamais.

Les filtres sont également utilisés pour modifier sa propre apparence et se rendre plus beau, selon certains critères sociétaux - d'où l'émergence du filtre « Hollywood Beauty Filter ». Mais nous vous rappelons l'un des mantras les plus partagés : « *The most beautiful filter is the original YOU.* » (« Le plus beau filtre, c'est vous tel que vous êtes. »)

21

Comment bien utiliser les hashtags ?

Pour rappel, un hashtag est un « mot-clé » précédé du symbole # que les internautes utilisent dans leurs publications sur les réseaux sociaux. Il permet aux autres utilisateurs d'accéder au contenu qui comporte ledit mot-clé, sans nécessairement être « amis » ou « followers » de la personne qui en fait usage.

À l'instar des autres réseaux sociaux, sur TikTok, les hashtags ont un rôle essentiel, puisqu'ils permettent de :

- catégoriser le contenu ;
- proposer son contenu aux personnes les plus susceptibles d'interagir avec celui-ci ;
- se positionner dans les résultats de la barre de recherche ;
- se « raccrocher » à une tendance.

Sur TikTok, les hashtags sont ajoutés dans la légende de la vidéo.

L'espace de description étant limité à 150 caractères, il est nécessaire de choisir avec attention ce qu'on y inscrit.

L'idéal est de sélectionner entre 3 et 5 hashtags.

Au-delà de la quantité, favorisez les hashtags qui correspondent à l'audience que vous visez, à votre thématique et à votre sujet.

Vous pouvez aussi combiner trois types de hashtags :

- **hashtag de niche** (peu utilisé), par exemple #parishiver (152 000 vues[1]) ;
- **hashtag moyen** (moyennement utilisé), tel que #tiktokparis (80 millions de vues) ;
- **hashtag générique** (très concurrentiel), comme #foryou (13 367 milliards de vues), ou #pourtoi (556 milliards de vues).

Pour davantage d'accessibilité et de lisibilité, mettez une majuscule au début de chaque mot, si votre hashtag en contient plusieurs.

1 - Pour visualiser le nombre de vues d'un hashtag, écrivez-le dans la barre de recherche sur TikTok, et validez. Puis faites défiler les onglets vers la gauche pour atteindre celui intitulé « Hashtags ». Vous verrez s'afficher une liste contenant votre hashtag, les hashtags similaires, ainsi que le nombre de vues associé.

22

Comment modifier une vidéo déjà publiée ?

Parfois, dans le feu de l'action, on publie un peu trop vite, et on envisage alors, par la suite, de faire certaines modifications sur une vidéo déjà publiée. Qu'est-il vraiment possible de faire ?

Il est possible, aisément, de modifier les paramètres d'édition de sa vidéo.

Pour accéder à ces options, vous cliquez sur les trois points, en bas de l'écran, à droite.

Vous pouvez alors :

- modifier les personnes marquées ;
- modifier les paramètres de confidentialité :
  - modifier la visibilité de votre vidéo (public, amis ou seulement vous),
  - modifier l'autorisation des commentaires sous votre vidéo,
  - autoriser les autres utilisateurs à faire, ou non, des « duos » avec votre vidéo,
  - autoriser les autres utilisateurs à faire, ou non, des « collages » avec votre vidéo ;
- épingler votre vidéo pour qu'elle apparaisse en haut de votre profil ;
- transformer votre vidéo en GIF.

Et, bien sûr, à chaque instant, vous avez la possibilité de supprimer votre vidéo.

Comme vous pouvez le remarquer, l'action la plus simple à laquelle on pourrait s'attendre - modifier la légende de sa vidéo - n'est pas proposée. En effet, à ce jour, il n'est pas possible de modifier le texte, les mentions, ou les hashtags présents dans la légende.

La seule solution, pour modifier une légende, est donc d'enregistrer votre vidéo publiée, puis de la supprimer, avant de la rééditer avec la bonne légende.

23

Peut-on sauvegarder les vidéos ?

La sauvegarde des vidéos sur TikTok peut concerner vos propres vidéos et celles des autres créateurs. Dans les deux cas, l'enregistrement de vidéos peut vous être utile, puisqu'elles peuvent vous servir de base à la création d'autres vidéos, grâce aux fonctions « Duo » et « Collage ».

Sauvegarder vos propres vidéos

Une fois votre vidéo créée, un bouton rectangulaire « Suivant » vous est proposé ; touchez-le pour accéder à la page de publication. Sur cette page, vous pouvez choisir de publier votre vidéo, ou de l'enregistrer en tant que « brouillon » pour la poster plus tard.

Il est également possible d'enregistrer la vidéo grâce à la proposition « Enregistrer sur l'appareil » que vous pouvez actionner.

Vous pourrez alors retrouver vos vidéos sur votre appareil, dans votre galerie ou dans votre application de photos.

Sauvegarder les vidéos d'autres créateurs

Que ce soit parmi les contenus de vos abonnements ou parmi ceux de l'onglet « Pour moi », vous pouvez enregistrer les vidéos que vous visionnez. Il vous est possible d'accéder à la fonction « Enregistrer la vidéo » soit via les trois petits points en bas à droite de la vidéo, soit via le mode « Partage » représenté par une icône en forme d'avion en papier.

Cet enregistrement n'est possible et ouvert que pour les vidéos pour lesquelles les créateurs ont donné leur autorisation. Cette autorisation est un choix de paramétrage personnel que vous, en tant que créateur de vidéos, vous pouvez également choisir d'actionner ou non.

Ces vidéos enregistrées seront alors réutilisables dans le cadre de créations de vidéos en « Duo » - la vidéo enregistrée défile en même temps que votre contenu créé -, ou en « Collage » - 5 secondes au maximum sont extraites de la vidéo enregistrée pour s'intégrer dans le contenu que vous avez créé.

Confidentialité, protection des données et modération sur TikTok

24

Comment TikTok s'assure-t-il de la confidentialité des données de ses utilisateurs ?

Une des problématiques principales liées aux plateformes sociales est leur menace pour la vie privée et la sécurité de leurs utilisateurs. Quelles données partageons-nous, et pour quelle finalité ?

TikTok s'est retrouvée au cœur de ces débats ; certains le qualifiant de « particulièrement dangereux ». En 2020, Amazon a même demandé à ses collaborateurs de supprimer la plateforme de leurs téléphones, craignant qu'elle espionne leurs e-mails. De même, pour Steve Huffman, le fondateur de Reddit, qui qualifie TikTok d'« application parasitaire » et de « logiciel espion ».

Reddit et Amazon sont loin d'être les seuls à se méfier ; régulièrement, TikTok se retrouve attaqué sur ces sujets de confidentialité, de vie privée et de sécurité.

L'entreprise affirme que la sécurité de ses utilisateurs est sa priorité et déclare n'avoir jamais fourni de données sur ses utilisateurs au gouvernement chinois, ajoutant qu'elle refuserait de les partager si on le lui demandait.

TikTok a, par ailleurs, introduit des mesures pour améliorer la sécurité à l'égard des adolescents. La plateforme a, en effet, une politique de confidentialité spécifique pour les utilisateurs âgés de 13 à 18 ans.

TikTok utilise les données captées auprès des utilisateurs (les informations d'identification personnelle standard sur les profils, les localisations, les comportements et intérêts), avec leur autorisation, sur le contenu consommé, afin de faire des recommandations via son algorithme.

TikTok stocke ces données aux États-Unis et à Singapour sans les exploiter, comme Facebook ; ce qui permet de considérer, pour l'instant, ces données captées comme sûres, car non compromises ni partagées largement.

Cependant, le 2 juin 2021, TikTok a mis à jour sa politique de confidentialité pour pouvoir collecter et analyser des données biométriques - les empreintes faciales et vocales de ses utilisateurs. Des données particulièrement sensibles qui, selon TikTok, serviront à améliorer les effets spéciaux des vidéos et la modération des contenus. Il s'agit d'une justification pauvre, pour rassurer les utilisateurs, mais qui n'explique pas clairement à quoi ces données serviront précisément.

Nous vous recommandons donc de rester attentif et prudent quant à ce que vous acceptez, de vérifier vos données continuellement, de supprimer toutes celles que vous jugez non pertinentes, et de changer votre mot de passe régulièrement.

25

Peut-on récupérer toutes ses données, sur TikTok ?

Entre les craintes des internautes sur les usages et les ventes de leurs données par TikTok, et les anciennes menaces de Trump[1], il est légitime de s'interroger sur notre maîtrise des données que nous partageons pour utiliser TikTok.

Dans TikTok, cliquez sur votre « Profil », en bas de l'écran, à droite.

Puis, en haut à droite, sur les trois lignes horizontales, avant de choisir « Paramètres et confidentialité ».

Dans « Confidentialité », vous trouvez « Télécharger les données ».

C'est dans cette rubrique que vous pouvez demander toutes vos données, selon vos choix et au format souhaité.

1 - Le président Trump, dans sa croisade anti-Chine, souhaitait, en 2020, bannir TikTok et WeChat.

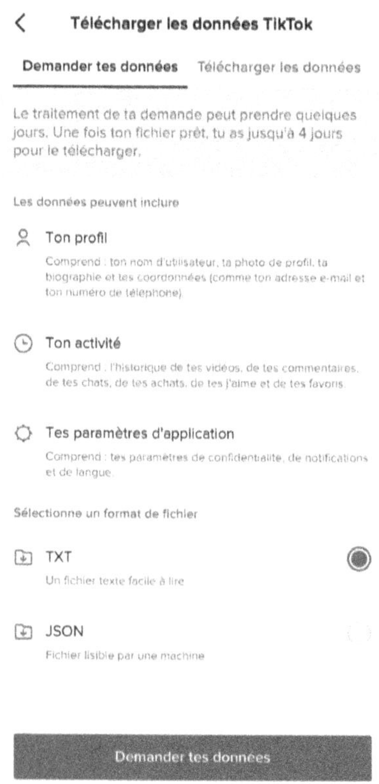

TikTok vous précise que plusieurs jours peuvent être nécessaires pour que vous récupériez vos données, et que vous pouvez télécharger votre fichier pendant 4 jours. Passé ce délai, il n'est plus disponible.

TikTok vous envoie des e-mails pour vous tenir informé de l'avancement de l'opération et vous alerter au moment où le fichier est à disposition.

Les données que vous pouvez demander sont :

- **votre profil** : nom d'utilisateur, photo de profil, bio, coordonnées ;
- **votre activité** : vos vidéos, votre historique de commentaires, de chats, d'achats, de favoris, et de « j'aime » ;
- **vos paramètres** : confidentialité, langue et notifications.

Quelle que soit la suite pour TikTok, il est toujours prudent de garder en tête cette procédure de récupération de ses données, car la question du contrôle de sa vie privée reste un sujet clé et sensible pour tous.

26

Comment signaler un compte ou un contenu indésirable ?

Il peut arriver que vous soyez témoin d'un contenu qui enfreint les règles communautaires du réseau social TikTok. Cela peut être un contenu raciste, violent, incitant à la haine, etc. Dans ce cas, vous avez le devoir de le signaler à TikTok.

Pour cela, cliquez sur la flèche « Partager », puis sur « Signaler ».

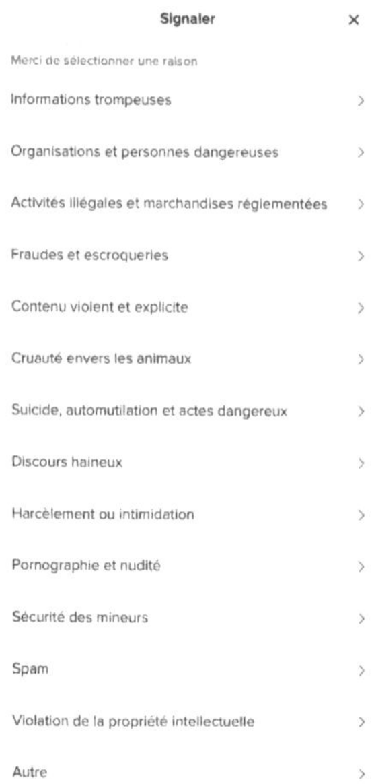

Il vous faut alors choisir la raison du signalement dans la liste proposée.

Si vous devez signaler un commentaire, la procédure est quasiment identique. Vous devez maintenir l'appui sur le commentaire, puis cliquer sur « Signaler » et choisir la raison du signalement dans la liste proposée.

Enfin, si un utilisateur vous semble avoir un

comportement abusif, insultant ou raciste, vous pouvez le signaler.

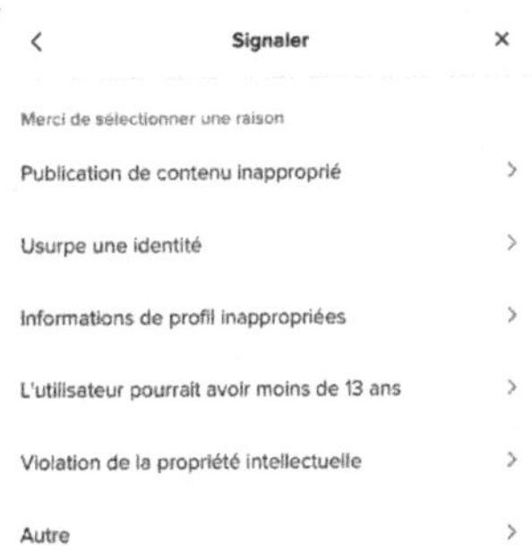

Vous devez être sur son profil, puis cliquer sur les trois points en haut à droite du profil.

Vous cliquez ensuite sur « Signaler » et vous choisissez la raison du signalement dans la liste proposée.

Vous avez également la possibilité d'utiliser le formulaire en ligne[1] pour signaler un contenu que vous estimez indésirable sur TikTok. Il vous sera demandé, dans le formulaire, d'indiquer notamment l'objet de votre demande. Sélectionnez, dans la liste déroulante, « Signaler contenu inapproprié ». Puis exposez quelques éléments pour expliquer en quoi ce contenu est, selon vous, inapproprié sur la plateforme. Vous pouvez ajouter jusqu'à 10 captures d'écran, ce qui est pratique lorsqu'il s'agit, par exemple, de signaler des éléments illicites dans une vidéo.

Une fois le formulaire complété, cliquez sur le bouton « Valider ». Les équipes de modération de TikTok traiteront votre demande.

1 - https://www.tiktok.com/legal/report/feedback

27

Comment supprimer les commentaires de ses publications ?

Permettre à vos abonnés de commenter vos vidéos est un excellent moyen pour susciter des interactions et des créations de liens communautaires sur TikTok.

Mais vous gardez la main directement, dans les paramètres de confidentialité de votre profil[1], sur deux choix concernant les commentaires :

1. **Vous pouvez choisir le profil des abonnés pouvant commenter vos vidéos**

Vous pouvez donc opter pour : « Tout le monde » (pour les comptes publics), « Amis », « Personne ».

Les « Amis » sont les personnes auxquelles vous êtes abonné sur TikTok, et qui sont également abonnées à votre compte.

En choisissant « Personne », vous désactivez les commentaires sur toutes vos vidéos existantes, et vous n'avez plus besoin d'accéder à chacune de vos vidéos pour désactiver les commentaires.

1 - Sur la page « Profil », en haut à droite, cliquez sur les trois traits horizontaux. Puis sur « Paramètres et confidentialité », puis « Confidentialité », puis « Commentaires ».

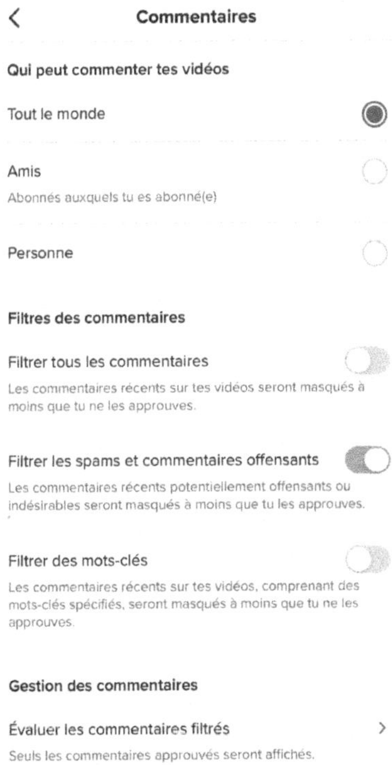

2. Vous pouvez activer ou désactiver les commentaires pour chacune de vos vidéos

Vous pouvez activer ou désactiver les commentaires avant de publier une vidéo, ou pour une vidéo existante.

Et, bien sûr, en cas de commentaires rédigés dans le seul but de créer des polémiques ou en cas de propos racistes ou insultants, vous avez toujours la possibilité de signaler ces commentaires.

28

Comment supprimer son compte TikTok ?

En cas de différend ou de lassitude, vous avez complètement la main pour supprimer votre compte.

D'ailleurs, contrairement à de nombreuses plateformes, ou autres applications mobiles, TikTok ne cache pas sournoisement ce bouton « Supprimer ».

Gardez bien en tête que la suppression de votre compte est irréversible.

En cas de suppression de votre compte TikTok, et sans restauration durant les 30 jours qui suivent cette démarche, vous perdez l'ensemble de vos données. Cela inclut vos vidéos publiées, vos favoris, vos contacts, vos statistiques d'utilisation, etc.

Avant de supprimer votre compte TikTok, n'oubliez donc pas de télécharger vos vidéos, de noter sur un autre support vos contacts pour en garder la trace.

Voici la démarche de suppression :

- sur votre compte TikTok, sur la page « Profil », cliquez en haut à droite sur les trois lignes horizontales, puis allez dans « Paramètres et confidentialité » ;

- cliquez sur « Gérer le compte », puis sur « Supprimer le compte » ;
- il vous faut répondre au pourquoi de votre intention de suppression ;
- puis vous suivez la démarche, en sauvegardant vos données, si nécessaire ;

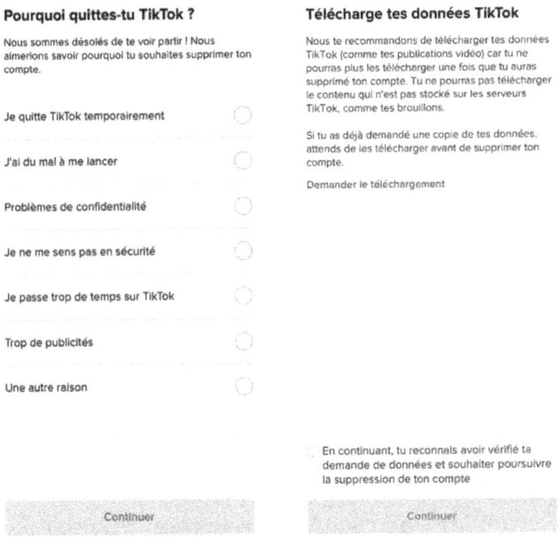

- et, enfin, une période de désactivation sans suppression de 30 jours est activée ;
- à la fin de cette période, votre compte est définitivement supprimé.

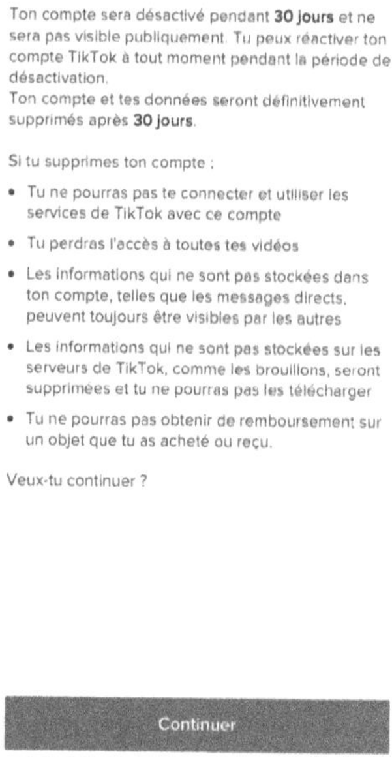

Si vous hésitez vraiment à supprimer définitivement votre compte TikTok, deux solutions s'offrent à vous :

- **Modifier vos paramètres de confidentialité en choisissant l'option « Privé ».** Tout utilisateur de la plateforme devra vous envoyer une demande d'ajout pour voir vos vidéos et vos contenus.
- **Désactiver l'option « Suggérer votre compte à d'autres utilisateurs ».** Dans ce cas, TikTok ne proposera plus votre compte à vos contacts, à vos amis Facebook, aux personnes avec qui vous avez des connexions en commun, et à celles qui ouvrent ou qui vous envoient des liens.

Sécurité, confidentialité et tout ce que les parents doivent savoir quand leurs enfants sont sur TikTok

29

Parents, faut-il avoir peur de TikTok ?

Nous sommes parents, grands-parents, parrains et marraines, oncles et tantes, et nous avons une attitude mitigée vis-à-vis des réseaux sociaux.

Utilisateurs nous-mêmes, conscients des dérives possibles, nous nous posons la question des effets de la présence de nos petits sur ces plateformes. Comment les préserver de contenus inappropriés ? Comment ne pas tout leur interdire, au risque de les isoler, de les exclure, *de facto*, des conversations et centres d'intérêt de leur génération et groupes d'amis ?

La sécurité des enfants
et des jeunes en ligne doit être une priorité
pour les organisations de l'industrie.
– Carolyn Bunting,
PDG d'Internet Matters[1]

TikTok a fait fleurir, dans les espaces publics, des chorégraphies entre amis réalisées devant la caméra d'un téléphone. Et nous nous en amusons, tout en ayant des craintes quant aux conséquences de la présence, sur le réseau social, de l'image de nos enfants – de leur visage et de leur corps –, au risque qu'elle leur échappe totalement.

1 - Internet Matters est une organisation indépendante, à but non lucratif, qui aide les familles à assurer la sécurité de leurs enfants en ligne.

> *À ma fille de 10 ans - qui me demandait une adresse e-mail pour avoir son espace, sans parents, et avait du mal à comprendre comment Internet pouvait s'avérer dangereux -, j'ai rappelé que Google et TikTok exigeaient 13 ans comme âge minimum d'utilisation. Je lui ai aussi expliqué qu'aller sur Internet et sur les réseaux sociaux était comme sortir dans la rue, et avoir la possibilité de rencontrer tout le monde, d'échanger, mais aussi de se perdre et de ne plus retrouver son chemin. J'ai également mentionné que, comme pour ce qu'il se passe à l'école, ou dans les activités extrascolaires, il y a des secrets que l'on aime garder pour soi, et d'autres qui mettent mal à l'aise ou qui rendent triste - et ce sont ceux-là dont il faut parler aux adultes de confiance*[2].

Les équipes de TikTok font des efforts et déploient des moyens pour assurer la sécurité des jeunes utilisateurs, ainsi que pour donner aux parents les moyens de contrôler les activités de leurs enfants. Ce sont ces moyens que nous allons vous décrire dans les prochaines pages. Mais nous ne saurions trop vous recommander d'ouvrir, puis de maintenir ouvert, le dialogue avec vos enfants et jeunes adolescents. Ce dialogue est l'espace sécurisé dont nos enfants et nous-mêmes avons besoin.

2 - Témoignage de Johanna Lemler.

30

Comment les parents peuvent-ils assurer un contrôle sur le compte TikTok de leurs enfants ?

Quand vous êtes parent d'un adolescent qui est présent sur TikTok - et, plus généralement, sur les réseaux sociaux -, il est essentiel d'encadrer son activité numérique, de s'assurer que le contenu consommé et les échanges réalisés par votre enfant sont adaptés à son âge et à sa sensibilité.

Les équipes de TikTok ont bien saisi l'enjeu de la sécurité des jeunes sur l'application[1], et elles ont mis en place deux outils clés à destination des parents : un *Guide TikTok* et un mode « Connexion famille ».

Le *Guide TikTok* a été écrit en partenariat avec e-Enfance[2], une association reconnue d'utilité publique. Il prône le dialogue entre les parents et leurs enfants, et explique l'utilisation des différents paramètres permettant de contrôler la cybersécurité.

Le mode « Connexion famille » relie le compte TikTok d'un parent à celui de son enfant. Une fois ce mode activé, l'adulte peut, depuis son smartphone et l'application TikTok, contrôler

1 - www.tiktok.com/safety/fr-fr/guardians-guide/

2 - *Guide TikTok à l'usage des parents*, consultable sur le site www.e-enfance.org

les fonctionnalités de bien-être numérique du compte de son enfant :

- limiter son temps d'écran ;
- déterminer ce qu'il peut rechercher ou non dans la barre de recherche (utilisateurs, hashtags, musiques...) ;
- décider qui peut commenter les vidéos publiées par son enfant (tous les utilisateurs, uniquement ses amis, ou personne) ;
- choisir si son compte doit être privé ou public ; ce qui détermine qui peut voir son contenu et s'il peut apparaître dans les résultats de recherche ;
- décider si les autres utilisateurs peuvent, ou non, voir la liste des vidéos qu'il a aimées ;
- limiter la liste des personnes autorisées à envoyer des messages à son enfant, ou simplement désactiver sa possibilité d'accès à la messagerie directe ;
- activer le mode restreint, qui applique un filtre supplémentaire au type de contenu montré à l'adolescent par l'algorithme, afin de s'assurer que cela convient à son âge.

N'oubliez pas que ces paramètres numériques, pour veiller à un usage responsable de TikTok, ne sauront être efficaces qu'en complément d'un dialogue régulier et éclairé avec vos enfants.

31

Quels efforts la plateforme fait-elle pour protéger les jeunes ?

TikTok compte parmi les réseaux sociaux qui font le plus d'efforts pour veiller à la sécurité des plus jeunes et au bien-être numérique de toutes et tous.

À l'été 2021, Alexandra Evans, responsable de la politique de protection des enfants, et Aruna Sharma, responsable de la protection de la vie privée, chez TikTok, ont rappelé que « la plateforme fait évoluer en permanence son application pour offrir une expérience adaptée ».

TikTok a ainsi restreint ou supprimé plusieurs fonctionnalités pour les utilisateurs les plus jeunes :

Messagerie directe

L'accès à la messagerie directe est réservé aux utilisateurs de plus de 16 ans. TikTok est la seule grande plateforme à l'avoir imposé. Et tout nouveau membre âgé de 16 ou 17 ans qui rejoint TikTok a les paramètres de sa messagerie directe réglés, par défaut, sur « Personne ». S'il veut écrire en privé à d'autres utilisateurs, il doit lui-même changer les options de partage.

Notifications

Blocage des notifications à partir de 21 h pour les jeunes utilisateurs de 13 à 15 ans, et à partir de 22 h pour ceux qui ont 16 ou 17 ans.

Confidentialité des vidéos

Affichage, pour les utilisateurs de moins de 16 ans, d'une notification avant la publication de toute vidéo, leur demandant de choisir qui est autorisé à visionner celle-ci. L'utilisateur ne peut pas la publier tant qu'il n'a pas validé son choix.

Blocage du téléchargement par les autres utilisateurs des vidéos réalisées par les moins de 16 ans.

Désactivation des fonctionnalités « Duo » et « Collage » pour les utilisateurs de moins de 16 ans.

Cyberharcèlement

Avant la publication d'un commentaire offensant, une notification apparaît sur l'écran de la personne qui l'a écrit pour l'inviter à reconsidérer sa publication.

En parallèle de cette dernière action, TikTok, en novembre 2021, a déployé, à l'occasion de la Journée nationale de lutte contre le harcèlement scolaire, une campagne en partenariat avec l'association e-Enfance pour sensibiliser sa communauté au cyberharcèlement[1].

1 - https://e-enfance.org/tiktok-partenariat-e-enfance-cyber-harcelement/

32

Quels outils concrets mettre en place avec son enfant ?

Comme nous l'avons vu précédemment, de nombreux outils sont à votre disposition pour protéger votre enfant et faire de son expérience sur TikTok un moment de créativité et de bonne humeur en toute sécurité.

N'ayez pas peur de mettre cela en place, et surtout d'associer votre enfant au processus.

Les réseaux sociaux, c'est comme la conduite accompagnée. Vous ne laisseriez pas votre ado conduire sans surveillance !

Voici quelques conseils pratiques à appliquer :

- paramétrer les fonctionnalités de contrôle parental et de visibilité avec votre enfant pour qu'il puisse vivre cette expérience de façon positive ;
- demander à votre enfant de vous montrer les vidéos qu'il souhaite publier avant de le faire ;
- demander à votre enfant de vous en parler s'il voit un contenu qui lui semble inapproprié ou qui le met mal à l'aise ;
- expliquer à votre enfant ce qui est illégal, et lui demander de vous alerter s'il est victime de sexisme ou de harcèlement ;
- proposer à votre enfant de faire un challenge avec lui !

Nous en sommes conscients, trouver un équilibre entre votre besoin de le savoir dans un environnement sain et son besoin d'intimité et de vie privée est une mission difficile !

Restez positif, disponible et ouvert au dialogue. Montrez-lui que vous lui faites confiance, que vous le savez responsable dans son utilisation des réseaux sociaux.

Si vous avez des interrogations, nous vous recommandons de consulter le *Guide TikTok à l'usage des parents*[1], disponible sur le site internet de TikTok.

1 - https://www.tiktok.com/safety/fr-fr/guardians-guide/

Utiliser TikTok comme un pro

33

De quoi parle-t-on quand on parle d'« engagement » ?

Les stratégies de communication peuvent avoir plusieurs objectifs distincts : croître en nombre d'abonnés afin d'améliorer la notoriété de la marque, vendre un produit ou un service, ou encore fédérer une communauté. Dans tous les cas, on parle avant tout d'« engagement » et de sa mesure.

L'engagement, sur les réseaux sociaux, correspond au nombre d'interactions avec une publication, divisé par le nombre de vues – il s'exprime en pourcentage. Celui-ci est mesuré grâce aux likes, commentaires et partages d'une publication.

Mais est-ce vraiment important de regarder le taux d'engagement ?

Au-delà de la visibilité, avoir une communauté engagée vous permet de mieux cerner vos abonnés, de mieux les comprendre et, ainsi, de mieux interagir avec eux.

Sur Instagram, ce taux est très bas – en moyenne, moins de 2 % pour les comptes certifiés[1].

---

1 - Taux d'engagement moyens sur TikTok *vs* Twitter et Instagram : 1 000 followers (Tk = 9,38 % - Tw = 1,4 % - Ig = 7,2 %), 100 000 followers (Tk = 5,3 % - Tw = 0,3 % - Ig = 1,1 %).

TikTok apparaît donc comme une opportunité incroyable, le Graal de l'engagement, avec des taux supérieurs à 17 %.

En effet, l'algorithme de la plateforme récompense les publications les plus vues, commentées et partagées. Ainsi, plus votre communauté est engagée, plus votre contenu apparaîtra dans la rubrique « Pour toi ».

Il s'avère aussi que l'implication émotionnelle sur TikTok atteint des records. Les deux indices sont corrélés, dans la mesure où plus l'implication est élevée, plus l'engagement le sera aussi.

34

Comment fonctionne l'algorithme ?

Propulsées par un algorithme puissant, les vidéos TikTok deviennent rapidement virales. Levons le voile sur les secrets de ce puissant algorithme.

La première chose à savoir est que, comme sur la majorité des réseaux sociaux, l'algorithme TikTok se nourrit de tout ce que vous faites sur la plateforme et cible avec précision vos centres d'intérêt. Et tout se joue dès les premières minutes d'ouverture de l'application.

1. La première ouverture de l'application

L'algorithme vous montre 8 vidéos ultra-populaires, mais de types différents – que ce soit par le format, la musique, la tendance ou encore le sujet. L'objectif est de comprendre ce qui retient votre attention. Il continue, par la suite, à vous proposer des vidéos par séries de 8 ; et, pendant ce laps de temps, vos faits et gestes sont décortiqués. Plus vous likez, commentez, swipez, plus l'algorithme vous connaît, et plus il vous propose des contenus avec lesquels vous êtes susceptible d'interagir. Néanmoins, TikTok fait en sorte de vous montrer des contenus variés pour éviter toute lassitude et la fameuse « bulle de filtres ».

2. Le téléchargement de la première vidéo

Lorsque vous publiez votre première vidéo, TikTok décortique et analyse méthodiquement votre contenu.

Une série d'informations sont extraites pour mieux en comprendre le contexte et le contenu :

- Computer Vision : les éléments de la vidéo sont analysés, comme le nombre de personnes qui y figurent et leur genre, la nature des objets repérés (un café, un ordinateur), le thème (humour, sport, danse), l'environnement de la scène (start-up, ambiance de coworking), l'endroit où l'action se situe (un bureau).
- La partie audio est retranscrite : cette retranscription permet de comprendre le contenu de la vidéo.
- Metadata : toutes les données de la vidéo sont prises en compte, comme le nom de la vidéo, sa description et les hashtags utilisés par son auteur.

TikTok « juge » ainsi les 5 premières vidéos qui sont publiées afin d'établir votre positionnement (humour, sport, lifestyle, danse, tuto, etc.). Il faut donc accorder beaucoup d'importance à ces 5 premières vidéos et à la thématique que vous souhaitez aborder.

3. Le scoring

Une fois la vidéo postée et analysée, elle est soumise à un échantillon personnalisé d'utilisateurs. Et plus la vidéo est likée, commentée, partagée, plus elle gagne de points. En fonction de son score final, elle est propulsée, ou non, auprès d'un plus grand nombre d'utilisateurs.

Le système de points est établi sur :

- **le taux de revisionnage** : 10 points ;
- **le taux de complétion**[2] : 8 points ;
- **les partages** : 6 points ;
- **les commentaires** : 4 points ;
- **les likes** : 2 points.

À noter, bien sûr, que toute vidéo postée n'est pas vouée à devenir virale. Il est plus important de toucher votre audience cible que des millions d'utilisateurs moins intéressés par votre contenu vidéo.

2 - C'est-à-dire la part des personnes exposées à votre vidéo qui la visualisent en entier.

35

Comment éditer rapidement ses vidéos ?

Une fois votre vidéo prête (téléversée ou enregistrée), l'application vous propose de l'éditer grâce à différentes fonctionnalités.

1. Sélectionner votre musique

Rendez-vous dans l'onglet « Sons », en bas de l'écran, pour explorer les musiques proposées et classées en différentes catégories ou rechercher un morceau précis.

Une fois que vous l'avez choisie, vous pouvez décider de l'instant où la musique doit commencer, et en gérer le volume.

2. Ajouter des effets

Dans l'onglet « Effets », en bas de l'écran, vous trouverez un large éventail d'effets qui vous permettront de rendre votre vidéo unique : des options visuelles (Leak, 70s, etc.), des options de mouvement (étincelles, ailes, etc.), et aussi des options de transition (Zoom in, compte à rebours, etc.).

3. Ajouter du texte

Appuyez sur le bouton « Texte », en bas de l'écran, pour saisir votre message. Vous pouvez également utiliser les différentes options proposées au-dessus du clavier pour changer la police, l'alignement et la couleur de votre texte.

4. Ajouter des stickers

Vous les trouverez en sélectionnant l'onglet « Stickers », en bas de l'écran.

Vous avez la possibilité d'ajouter des stickers à n'importe quel endroit de votre vidéo. Vous pouvez mentionner d'autres comptes, organiser des sondages, ajouter des hashtags et toutes sortes d'emojis, rechercher et ajouter des GIF.

5. Appliquer un filtre

Pour ajouter rapidement un filtre à votre vidéo, rendez-vous dans l'onglet « Filtres », qui se situe dans le menu de droite. Ces filtres sont classés en quatre catégories (Portrait, Paysage, Nourriture, et Vibe).

6. Enregistrer une voix off

Si vous n'avez pas capturé d'audio avec votre vidéo, vous pouvez l'ajouter par la suite en enregistrant une voix off. Ce son, une fois enregistré, pourra être transformé grâce à des effets vocaux.

7. Modifier la vidéo (en durée et/ou en vitesse)

Vous pouvez choisir la durée (15 secondes, 60 secondes ou 3 minutes), et la vitesse de défilement pour ralentir ou accélérer votre vidéo.

36

Quelles sont les clés pour réussir ses vidéos ?

Pour réaliser une vidéo « réussie » sur TikTok, de nombreux facteurs sont à prendre en compte.

Tout d'abord, il vous faut filmer dans de bonnes conditions techniques. C'est-à-dire qu'il faut faire attention à avoir une bonne luminosité (choisir le bon moment de la journée, ou avoir un spot), un son de bonne qualité (attention aux échos dans certaines pièces) et une image nette.

Ensuite, comme pour un film, il faut penser au scénario : combien de plans, quels messages importants, quelles transitions, quel cadre, etc. Le temps d'attention étant très réduit sur TikTok, il est essentiel de réaliser une accroche forte dans les 3 premières secondes pour que l'utilisateur qui tombe sur votre vidéo se retienne de swiper. Par ailleurs, pour avoir un bon taux de complétion (pour qu'elle soit vue en entier), nous vous recommandons de créer du suspense et de ne délivrer le message principal de votre vidéo que dans le dernier tiers de celle-ci, afin de retenir au maximum votre communauté jusqu'à la fin de votre contenu.

Même si la durée des vidéos s'allonge sur TikTok, les utilisateurs préfèrent les contenus courts (entre 15 et 20 secondes) ; donc, dans la mesure du possible, privilégiez un format court.

Vous pouvez également contextualiser votre vidéo, avec un texte sur l'image de votre contenu, qui ajoute une information supplémentaire à votre contenu et donne envie de s'arrêter dessus. Pensez également aux sous-titres ; vous avez désormais la possibilité de les activer automatiquement pour votre contenu. Cela permet aux personnes de visionner votre vidéo sans le son et, bien sûr, de rendre votre contenu plus accessible aux personnes sourdes et malentendantes.

37

Qu'est-ce qu'une bonne légende pour une vidéo ?

La légende est un élément essentiel de votre vidéo.

Elle remplit deux objectifs principaux :
- permettre à l'algorithme puissant de TikTok de catégoriser votre vidéo ;
- ajouter des éléments de contexte pour les utilisateurs.

Il est donc nécessaire de prendre soin de bien la rédiger. Elle doit être courte, malgré une limite correcte (entre 150 et 500 caractères, pour certains comptes). Plus elle sera courte, plus il y aura de chances qu'elle soit lue.

Son texte doit apporter de la valeur, il doit contextualiser votre vidéo, donner envie aux utilisateurs de s'arrêter dessus. Il est d'autant plus important de bien la rédiger que les mots qu'elle contient vous permettent de remonter dans les résultats de recherche. Donc, choisir de bons mots-clés, c'est ressortir davantage dans les résultats et être bien distribué dans la page « Pour toi » des utilisateurs de votre niche !

Par ailleurs, vous pouvez ajouter un « Call to Action » dans votre légende. Cet appel à l'action vous permettra de générer de l'engagement sur vos vidéos, ou de rediriger votre communauté vers un autre contenu. Vous pouvez, par exemple, les inciter à aimer votre vidéo, à s'abonner à votre compte (action très facile depuis n'importe quelle vidéo grâce à une croix rouge sous votre photo de profil), ou même à vous suivre sur Instagram, si vous partagez un autre type de contenu sur ce réseau.

Pensez également à mentionner d'autres comptes, lorsque cela vous semble pertinent et nécessaire. Attention, par contre, à ne pas mentionner des personnes que vous ne connaissez pas ou qui ne seront pas forcément intéressées par votre contenu - cela peut être perçu comme intrusif.

Et, bien entendu, n'oubliez pas les hashtags[1] !

---

1 - Voir question 21 : « Comment bien utiliser les hashtags ? »

38

À quelle heure poster sur TikTok ?

Le Graal pour les marques, les influenceurs et la plupart des utilisateurs est de créer un engouement tel autour de leurs vidéos que le monde entier en parle, les commente et les partage. Donc de créer un engagement fort et incontournable.

Et, si vous voulez augmenter votre engagement, vous allez devoir réfléchir aux localisations de vos audiences, et donc publier aux heures où vos audiences sont les plus présentes, pour optimiser vos chances de toucher le plus grand nombre de vos abonnés.

De manière pragmatique, les TikTokeurs sont les plus nombreux à être connectés aux heures suivantes – en se basant sur le fuseau horaire de Paris[1] et en se concentrant sur le fait que les vidéos publiées le matin en début de semaine (du lundi au mercredi) semblent mieux fonctionner que les vidéos du week-end (du jeudi au dimanche), qui doivent être publiées en fin d'après-midi ou en soirée :

Lundi : 6 h, 10 h

Mardi : **7 h**

Mercredi : 8 h

1 - Même si la majorité des études se basent sur un public mondial, donc sur le fuseau horaire de New York.

Jeudi : 10 h, **16 h**

Vendredi : 11 h, **19 h**

Samedi : 19 h

Dimanche : 21 h

À vous de choisir vos moments de publication, maintenant, en fonction de ces horaires ; sans oublier de bien prendre en compte votre propre audience et ses caractéristiques.

Il est également important de prendre en compte les formats publiés, car ils peuvent avoir un impact : une vidéo courte avec du texte sera plus consultée en journée ; une vidéo plus longue avec de la musique (et sur un contenu plus humoristique ou lié au voyage), en début de soirée.

39

C'est quoi, les « challenges » sur TikTok ?

Les challenges TikTok sont des formats hybrides entre musique, danse et défi.

Ce peut donc être une danse, mais aussi une action à réaliser et même des effets (filtres, autocollants...) ou des musiques particulières à utiliser.

Un challenge peut être créé par n'importe qui. Il suffit d'utiliser un hashtag – facile à retenir et à écrire, propre au challenge – qui permette d'identifier facilement la vidéo, de découvrir les personnes qui y participent, mais aussi d'attirer plus de participants, pour que ce challenge soit repris. Il doit être bien construit, et les instructions doivent être claires.

Du côté des marques et des entreprises, les challenges sont surtout un moyen de se rendre visibles en créant une expérience différente et engageante.

Quand une marque lance un challenge, elle peut avoir pour objectifs de présenter un nouveau produit, de générer des leads, de développer sa notoriété, de soutenir une cause (sociale, environnementale...), etc.

TikTok présente les challenges ainsi : « Un format unique d'engagement qui exploite la passion de l'utilisateur pour la création et l'expression [...], pour assurer une forte sensibilisation de marque avec un niveau d'engagement qui va au-delà d'un simple clic. »

Il faut donc inviter sa communauté à participer et à créer du contenu autour du challenge, et ainsi bénéficier de l'UGC[1]. On parle d'un taux moyen d'engagement de + 8,5 %.

Une marque ou une entreprise qui souhaite lancer un challenge doit prévoir notamment :

- un budget pour des publicités, afin que le challenge soit vu dès l'ouverture de l'application (Brand Takeover) - ce qui est excellent pour amorcer une viralité algorithmique - ou bien dans le feed (In-Feed Ads ou TopView) ;
- un budget pour des influenceurs afin que le challenge décolle en popularité.

Pour trouver facilement des challenges et des inspirations sur TikTok, tapez « #challenge » dans la barre de recherche.

Avez-vous peut-être entendu parler du #RingLightChallenge[2] - qui comptabilise plus d'1,5 milliard de vues ? Ou connaissez-vous la musique qui accompagne ce challenge, *Infinity*, de Jaymes Young ?

Pour sortir du lot parmi la multitude des vidéos existantes sur ce challenge - sans forcément avoir le matériel adéquat, c'est-à-dire un anneau lumineux, que fait-on ?

La réponse par Jos.

1 - *User Generated Content* : « contenu généré par les utilisateurs ».

2 - Merci, Céline et Alice.

40

Quels sont les avantages des « challenges » ?

L'avantage principal du challenge, comme l'explique TikTok, est que les utilisateurs « rejoignent un mouvement collectif ». C'est un moyen collaboratif, « fun » et facile pour les marques d'interagir avec leurs communautés.

Comme nous avons pu le voir, c'est un moyen incontournable de créer de l'engagement, et surtout d'agréger de l'UGC, qui pourra ressortir sur une plus longue période. C'est un contenu ancré, qui reste disponible sur le hashtag correspondant.

Par exemple, la marque Brossard – plus précisément le Brownie Brossard – a lancé, en septembre 2020, #LeBrownieMouv Challenge, dans lequel elle invitait sa communauté à jouer avec rythme et dextérité pour gagner et avoir le droit de manger le brownie.

Des règles claires et simples, qui invitent à une douce compétition à deux :
- **Étape 1 :** posez le brownie sur le dessus de vos doigts, mains déployées face à face, bouts des doigts qui se touchent.
- **Étape 2 :** lorsque la musique se lance, baissez vos doigts en rythme ; un compétiteur commence par l'index, l'autre abaisse l'auriculaire, etc.

• **Étape 3 :** essayez de tenir le rythme sur les trois boucles. Celui qui fait tomber le brownie perd ; l'autre gagne et peut le manger.

Brossard a fait appel à plusieurs influenceurs - dont Lenna Vivas[1] et Enzo Pebre[2] - et comptabilise à ce jour plus de 481 millions de vues.

Le challenge #inmydenim[3], lancé par Guess pour promouvoir sa collection Fall'18, a duré 6 jours et a généré plus 5 500 vidéos des utilisateurs, un taux d'engagement de 14,3 %, plus de 52 millions de vues du hashtag, et une croissance de 12 000 abonnés sur son compte.

Plus de 50 % des créateurs de contenus auraient participé au moins à un challenge, et 35 % participent régulièrement à des challenges individuels ou de marques.

Le #PepsiCanBalance Challenge est même sorti des frontières de TikTok pour fleurir sur Instagram, avec le footballeur Paul Pogba.

1 - www.tiktok.com/@lenna.vivas

2 - www.tiktok.com/@enzopebre

3 - Les utilisateurs de TikTok devaient transformer leur look, en montrant leur style en denim, un avant/après, accompagné de la musique *I'm a Mess*, de Bebe Rexha.

41

Quels sont les sujets les plus discutés sur TikTok ?

Connaître les sujets dont tout le monde parle sur TikTok est une assurance de créer un contenu qui va plaire, qui va être partagé, qui va créer de l'engagement.

Il est donc essentiel pour les marques et les utilisateurs de garder un œil sur ces thématiques.

Cependant, il est complexe de bien connaître les sujets les plus discutés sur TikTok, au vu de la volatilité et de la viralité quasi instantanée de ces derniers.

Il faut, tout d'abord, comprendre les catégories des sujets partagés, en fonction du volume des vues sur un hashtag.

Les 10 catégories les plus discutées sont :
- *entertainment* (535 milliards de vues) ;
- danse (181) ;
- blagues (79) ;
- fitness/sports (57) ;
- rénovation/décoration (39) ;
- beauté (33) ;
- mode (27) ;
- cuisine (18) ;
- conseils de vie (13) ;
- animaux de compagnie (10).

Depuis le lancement de TikTok, ces sujets restent stables. On note, bien entendu, selon les événements et les différents contextes (liés, pour la période récente, aux mesures anti-covid), des variations sur certains sujets ; par exemple, le jardin (+ 156 %), le camping (+ 113 %), les jeux vidéo (+ 104 %) et la cuisine (+ 57 %) sur cette dernière année.

La vidéo la plus aimée sur TikTok - qui se trouve dans la catégorie « *Entertainment* » - est une vidéo de lip-sync, publiée par Bella Poarch, elle comptabilise plus de 54 millions de likes. Elle utilise le titre très populaire *M to the B*, de Millie B.

Donc, pour garder un coup d'avance sur les sujets les plus discutés, le mieux reste de suivre et d'analyser les variations sur les catégories les plus vues, les hashtags et les contenus partagés par les influenceurs - en gardant en tête votre propre authenticité, pour ne pas risquer le faux pas.

42

Comment fait-on des « Duos » et des « Collages » ?

« Duo » et « Collage » sont des fonctionnalités vous permettant de réagir, en vidéo, à une vidéo TikTok existante.

En « Duo », l'écran se partage en deux, affichant, d'un côté, la vidéo avec laquelle vous faites un duo et, de l'autre, la vôtre.

Le « Collage » vous permet d'intercaler des séquences de votre vidéo avec celle d'origine.

Il faut que l'utilisateur ait activé la fonctionnalité « Duo/Collage » sur sa vidéo pour que vous puissiez l'utiliser. Il est, bien sûr, possible de la désactiver à tout moment.

Il existe plusieurs types de duos/collages sur TikTok :

- **vidéos de réactions** dans lesquelles les utilisateurs réagissent et commentent à l'aveugle un contenu qui les a fait réagir ;
- **vidéos qui reproduisent une action**, un challenge ;
- **vidéos musicales**, où, à chaque itération, un artiste va ajouter un son, un instrument, une harmonie.

En fait, il y a autant de types de duos/collages que d'utilisateurs, tant la créativité est riche sur la plateforme !

Certains comptes ne font que ça, par exemple l'Italien Khabane Lame, surnommé Khaby, s'est fait connaître mondialement grâce à ses vidéos duo/collage humoristiques qui montrent l'absurdité de certaines vidéos « d'astuces » !

Ce sont des façons supplémentaires (et parfois plus faciles) de créer du contenu sur TikTok. Cela peut être une bonne méthode pour avoir une régularité sur votre compte, quand vous n'avez pas eu le temps de créer du contenu original.

Est c'est, bien entendu, une belle occasion de tisser des liens avec d'autres utilisateurs !

Astuce : c'est aussi grâce aux vidéos « Duo » que vous pouvez vous familiariser avec l'accent d'une langue étrangère[1].

1 - Voir la question 94 : « Comment apprendre les langues étrangères sur TikTok ? »

43

Et si on créait des vidéos TikTok plus longues ?

Le succès de TikTok tient notamment à son format court, de type *snack content*.

Et si les utilisateurs plébiscitaient, aujourd'hui, des formats plus longs ?

Sur TikTok, les formats les plus utilisés sont ceux de 15 secondes et 60 secondes. Les vidéos d'une durée de 15 secondes sont sûrement celles qui sont, encore aujourd'hui, les plus visionnées.

Mais la version de 60 secondes peut être pratique lorsqu'il nous est difficile de tenir dans un chrono de 15 secondes.

Astuce : je sélectionne la durée « 60 » même si je ne vais pas jusqu'à 60 secondes, pour éviter d'être coupée.

Récemment, TikTok a créé la surprise en lançant une version longue.

Des versions de 3 et 5 minutes sont désormais proposées.

En offrant aux créateurs de contenus ces formats dits « longs », la plateforme s'assure de ce que certains ne partent pas sur d'autres plateformes qui proposent, depuis longtemps, des durées illimitées.

TikTok ne lance pas cette fonctionnalité par hasard, mais pour répondre à la demande des créateurs.

Dans certains domaines, il est difficile de proposer des versions courtes : que vous fassiez des tutoriels ou que vous présentiez une recette de cuisine, le format long est plus adapté.

TikTok cherche clairement à séduire ceux qui hésitaient à investir la plateforme parce qu'ils voyaient un frein dans les formats jusque-là très courts proposés, les créateurs habitués à YouTube - pour ne pas le citer.

Bien que l'on ne puisse pas encore filmer 5 minutes à partir de l'application - seul le téléversement d'une vidéo de cette durée depuis sa bibliothèque est disponible aujourd'hui –, il est fort probable que TikTok lève prochainement cette limitation.

44

Et si on faisait des *lives* sur TikTok ?

L'usage du streaming en direct - ou *live* - dépasse celui du *chat*, de la photo et de la vidéo. Le temps passé, dans le top 5 des plateformes sociales qui mettent l'accent sur la diffusion en *live*, dépasse les 500 milliards d'heures, en 2021[1].

Le *live* est l'un des formats les plus plébiscités par les utilisateurs, car il est gage d'une authenticité qu'aucun autre format ne peut revendiquer. C'est le meilleur moyen de vous connecter et d'interagir avec votre communauté en temps réel, à des moments spécifiques.

Utiliser la fonction de *live* sur TikTok peut clairement vous aider à fidéliser votre audience et faire décoller votre engagement.

Mais, attention, tous les utilisateurs ne peuvent pas avoir accès à cette fonctionnalité de *live*.

Voici la liste des prérequis pour l'obtenir :
- avoir plus de 16 ans ;
- avoir plus de 1 000 abonnés ;
- s'engager à ne pas solliciter de dons ou de cadeaux directement en *live*[2].

---

1 - *The Evolution of Social Media Apps, Live Streaming: The New Frontier for Social Media,* www.data.ai, 2021.

2 - En ne vous soumettant pas à ces prérequis, vous violeriez les règles de la communauté TikTok.

Voici la marche à suivre pour accéder à la diffusion en *live* :

1. Appuyez sur le signe « + », en bas de votre écran.
2. Appuyez sur le bouton « Live », à côté de celui d'enregistrement des vidéos.
3. Entrez le titre de votre live – seulement 32 caractères –, et sélectionnez « Go Live » pour démarrer.

N.B. Si vous ne voyez pas le bouton, c'est que, probablement, vous n'avez pas validé l'ensemble des prérequis ; donc vous n'avez pas accès à cette fonctionnalité.

Quelques règles d'or pour réaliser un live efficace :

- **Toujours le matériel tu vérifieras par deux fois !** Une connexion Wi-Fi stable et un micro protégé pour éviter les bruits de fond.
- **Toujours à la lumière tu réfléchiras !** Une simple lumière en anneau peut donner à votre live un aspect professionnel.
- **Toujours le temps tu contrôleras !** Ne dépassez pas les sessions de 30 minutes. Sinon, faites des pauses et reprenez ensuite.
- **Toujours à ton audience tu répondras !**

Prenez le temps de bien lire les commentaires et d'y répondre : c'est l'un des fondamentaux de la construction d'une communauté et de l'attention portée à votre audience.

45

Et si on allait plus loin, sur les *lives* TikTok ?

Après avoir compris comment fonctionnent les sessions live, il est intéressant de creuser les quelques spécificités qui peuvent vous aider à gagner en efficacité sur cette fonctionnalité :

- Vous pouvez promouvoir vos sessions live, en sélectionnant votre audience, puis en définissant votre budget et votre durée de promotion.
- Vous pouvez apprendre à gérer vos « Pièces » et « Diamants »[1]. Cette fonctionnalité permet aux abonnés d'aider les créateurs de contenus à gagner de l'argent. Plus votre live est aimé, plus vous recevez des « Cadeaux », et plus vous pouvez les convertir en « Diamants ». Vous gardez 50 % de chaque « Cadeau » reçu[2].

Devant l'engouement pour les *lives*, TikTok ajoute de nombreuses fonctionnalités pour que les créateurs puissent mieux les gérer, et pour que les utilisateurs en profitent mieux :

- les *Live Events*, qui permettent de programmer un live, de gérer les inscriptions et les relances ;
- le *Picture-In-Picture*, qui permet de regarder une session live TikTok sans rester dans TikTok, en continuant à travailler avec d'autres applications ;

1 - 100 « Pièces » = 200 « Diamants » = 1 $.

2 - TikTok prend, en effet, 50 % des bénéfices.

- les filtres de mots-clés, qui permettent de limiter les commentaires dans le chat et d'éviter les trolls[3] ;
- le modérateur, qui vient aider le créateur à gérer son live, et bloquer les trolls si nécessaire - vous pouvez ajouter jusqu'à 20 modérateurs.

Bien sûr, des analytiques spécifiques sont mises à disposition.

TikTok est même en train de construire un concurrent direct à Twitch : le *TikTok Live Studio*, qui permettra aux joueurs de jeux vidéo et d'e-sport de diffuser en direct leurs parties, tout en chattant.

3 - Un troll est un individu qui génère des polémiques sur Internet, notamment via les commentaires qu'il laisse.

Naviguer dans son compte

46

C'est quoi, la page « Pour toi » ?

La page « Pour toi » est le flux d'actualité de vidéos personnalisées, basé sur vos centres d'intérêt et votre engagement.

La page « Pour toi » fonctionne sur le même principe que la page « Explorer » d'Instagram.

Il s'agit d'un flux de contenus illimité, généré par l'algorithme de TikTok, et unique pour chaque utilisateur.

C'est la page principale proposée aux utilisateurs.

L'objectif de cette page est de proposer des vidéos liées à la navigation de chacun, c'est-à-dire :

- proches géographiquement et en accord avec vos préférences linguistiques ;
- similaires aux contenus que vous créez ;
- similaires aux contenus avec lesquels vous avez déjà interagi ;
- similaires aux vidéos que vous avez regardées dans leur intégralité ;
- incluant les hashtags que vous suivez.

Vous avez la possibilité – sur la version mobile, comme sur la version Web –, pour chaque vidéo proposée, de suivre le compte qui l'a publiée.

Au contraire d'Instagram, TikTok ne vous met pas face aux vidéos des personnes que vous suivez, mais face à celles jugées pertinentes pour vous.

Ce qui vous permet de découvrir de nouveaux créateurs, tout en évitant la course aux abonnés pour obtenir une visibilité efficace.

La page « Pour toi » se fonde donc clairement sur la qualité du contenu et l'engagement.

Les hashtags utilisés principalement en France sont : #fyp (« *for you page* »), #foryoupage et #pourtoi.

Pour augmenter vos chances de voir vos vidéos apparaître dans la page « Pour toi », vous devez vous armer de patience et de créativité. Publiez aux heures de forte audience[1], utilisez les hashtags pertinents, créez un contenu qui suit une des tendances du réseau, et, si vous avez déjà un peu d'expérience, pensez à une collaboration avec d'autres créateurs de contenus !

---

1 - Voir la question 38 : « À quelle heure poster sur TikTok ? »

47

Comment fonctionnent les messages privés ?

À l'instar des autres réseaux sociaux, TikTok propose une messagerie personnelle aux utilisateurs.

Dans le ruban horizontal en bas de votre écran sur l'application figure, entre le « + » de la création de vidéo et votre profil, l'onglet « Boîte de réception ».

Comme nous l'avons vu précédemment, cette messagerie est uniquement accessible aux plus de 16 ans – âge déclaré lors de l'inscription sur TikTok.

Une autre particularité de la messagerie est qu'elle ne permet pas un accès à votre appareil photo, et exclut ainsi tout envoi direct de contenu image ou vidéo qui n'aurait pas été d'abord publié sur l'application.

Il vous reste donc la possibilité d'échanger des mots et des emojis avec vos amis et/ou abonnés. Et bien sûr, vous pouvez aussi partager les vidéos que vous aimez, déjà présentes sur l'application, en cliquant sur la flèche « Partager », en bas de votre écran, à droite, puis en choisissant à qui vous souhaitez l'envoyer – sous réserve que les destinataires aient bien donné l'autorisation d'être contactés ainsi, dans les paramètres de leurs comptes.

Vous pouvez également permettre à TikTok d'accéder à vos contacts, et de vous envoyer, via la messagerie, des comptes que vous êtes susceptible de connaître, et auxquels vous pourrez vous abonner facilement. C'est là encore que vous recevrez des notifications – celles vous informant, par exemple, de nouveaux abonnés, ou de partages de vos vidéos.

48

Doit-on lier son compte TikTok à d'autres réseaux sociaux ?

Il est possible de lier son compte TikTok à d'autres réseaux sociaux, comme Instagram ou YouTube.

Pour ce faire, il suffit de suivre les étapes suivantes :

1. Appuyez sur « Profil », en bas à droite.
2. Puis sur « Modifier » le profil.
3. Sélectionnez « Ajoute Instagram à ton profil » ou « Ajoute YouTube à ton profil » pour associer votre compte TikTok aux autres plateformes sociales.

Mais quelle est l'utilité d'associer son compte ?

Lier votre compte TikTok à d'autres plateformes sociales vous permet d'avoir une stratégie de partage et de publication plus efficace : vous contrôlez votre contenu sans trop en créer et en augmentant l'utilisation que vous en faites sur chaque plateforme. Vous avez également la main sur les horaires de publication pour augmenter l'impact.

En rationalisant les publications que vous réalisez sur les différentes plateformes, vous pouvez toucher différentes audiences et communautés - voire une audience plus globale et avec un contenu plus fréquemment mis à jour, donc adoré par les algorithmes de recommandations, vous créez plus d'engagement.

Vous pouvez, par exemple, faire en sorte que vos vidéos TikTok apparaissent dans la catégorie « Reels[1] » de votre compte Instagram.

Astuce : sans lier vos comptes, vous pouvez partager vos vidéos TikTok sur d'autres réseaux sociaux (Facebook, Instagram, Snapchat, Twitter, etc.) – la méthode est similaire quel que soit le réseau social choisi – via les trois points en bas de chaque vidéo créée sur votre compte.

1 - Les « Reels » sont une fonctionnalité d'Instagram permettant aux utilisateurs de créer et de publier des vidéos courtes de 30 secondes, au format vertical. Ces vidéos peuvent être agrémentées de textes, musiques et effets graphiques.

49

Peut-on gérer plusieurs comptes TikTok en même temps ?

Comme la plupart des plateformes sociales, TikTok permet de gérer plusieurs comptes.

Découvrons ensemble comment, depuis l'application mobile, ajouter un ou plusieurs comptes, et comment basculer rapidement d'un compte à un autre.

1. Ajouter un autre compte depuis l'application

Lancez l'application, puis appuyez sur l'icône « Profil », située en bas à droite de votre écran.

Une fois sur votre profil, en haut de votre écran, cliquez sur la petite flèche à côté du nom de votre compte.

Dans la liste déroulante qui s'affiche, appuyez sur « Ajouter un compte ».

À ce stade, il existe deux possibilités :

- **Situation 1** : vous n'avez pas d'autres comptes existants, vous pouvez en créer un directement depuis cette interface (« Inscription à TikTok »), en choisissant l'une des méthodes d'inscription proposées (e-mail, Facebook, Apple, etc.).
- **Situation 2** : vous avez déjà un compte, il vous suffit de sélectionner « Connexion », en bas de votre écran, et de vous connecter selon le mode de connexion préalablement choisi.

Aussitôt, l'application vous redirige vers le nouveau compte ajouté.

Un autre compte TikTok à ajouter ? Répétez cette opération.

2. Basculer d'un compte TikTok à un autre

Pour passer d'un compte à un autre, c'est très simple :

- lancez l'application ;
- appuyez sur l'icône « Profil », située en bas de votre écran, à droite ;
- une fois sur votre profil, allez sur le nom de votre compte, tout en haut de votre écran de smartphone ;
- dans la liste déroulante qui s'affiche, sélectionnez le compte auquel vous souhaitez accéder.

Vous pouvez, désormais, naviguer très facilement entre vos différents comptes TikTok.

50

Quelles statistiques sont disponibles sur TikTok ?

Lorsqu'on lance une stratégie sur TikTok, il est essentiel d'être capable d'en analyser les résultats ; les statistiques issues directement de TikTok vous aident à optimiser vos campagnes, et à être performant.

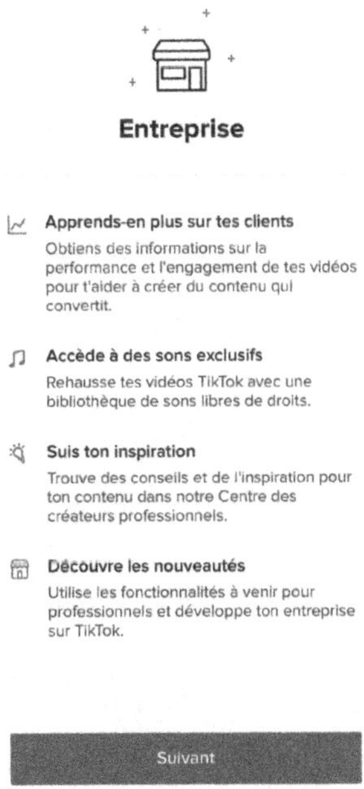

Cependant, pour avoir accès aux statistiques TikTok et en tirer le meilleur, vous devez disposer d'un « compte entreprise ».

Un compte entreprise est un profil destiné aux créateurs de contenus, avec quelques ajouts de fonctionnalités, dont l'accès aux statistiques.

Pour configurer votre compte entreprise :

- dans votre « Profil », en haut à droite, cliquez sur « Paramètres et confidentialité » ;
- puis « Gérer le compte » ;
- « Passer en compte entreprise » ;
- et choisissez la catégorie qui décrit le mieux votre compte et son contenu.

Vous avez maintenant un compte TikTok entreprise. Et, pour tout savoir de vos statistiques, vous devez cliquer sur les trois traits horizontaux, puis choisir « Ensemble entreprise » pour tout savoir sur vos données.

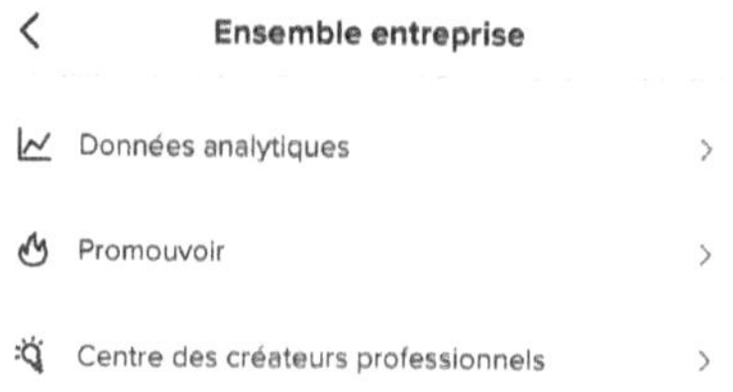

Vous allez pouvoir avoir accès à vos analytiques, via quatre onglets distincts :

- « Vue d'ensemble » : vous allez pouvoir choisir d'afficher vos données (vues sur vos vidéos ou votre profil, évolution des commentaires, partages et J'aime) sur 7, 28 ou 60 jours.
- « Contenu » : globalement et individuellement.
- « Abonnés » : taux de croissance, genre, territoire et activités. Si vous avez moins de 100 abonnés, vous n'aurez que peu d'analytiques.
- « LIVE » : vues, spectateurs uniques, temps total, nouveaux abonnés, et « Diamants ».

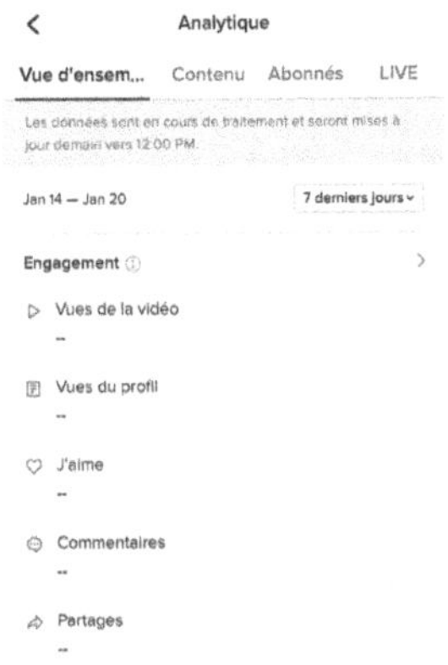

Développer son image et sa communauté

51

Quelles sont les astuces de base pour développer sa communauté ?

Tout utilisateur de TikTok peut faire grandir sa communauté, à condition de suivre quelques astuces essentielles.

Avoir une thématique bien définie

Réfléchissez à votre thématique. Quel est votre sujet de prédilection ? Est-ce l'humour, le sport, le développement personnel, la culture, l'astrologie ?

Pour s'assurer que l'algorithme de TikTok vous classe dans la bonne catégorie et propose vos contenus aux utilisateurs susceptibles d'être intéressés, il ne faut pas se tromper ! Si votre truc, c'est l'humour, ne commencez pas par faire des vidéos sur la couture. Bien que vous puissiez vous positionner sur deux ou trois centres d'intérêt - tels que la danse et l'humour, la mode et les cosmétiques, etc. -, TikTok semble, néanmoins, favoriser les comptes spécialisés sur un seul centre d'intérêt.

Interagir avec d'autres créateurs de contenus

L'algorithme de TikTok valorise les contenus qui obtiennent des likes, des commentaires et des partages. Il apprécie également vos efforts pour interagir avec les autres utilisateurs. Répondez ainsi à vos commentaires, likez, partagez et commentez les contenus d'autres créateurs. TikTok incite à l'interaction, notamment avec la possibilité de réagir à une vidéo et de réaliser un duo - un échange de visibilité qui plaît à l'algorithme.

Utiliser les trends (musique et hashtag)

La musique tient un rôle majeur sur TikTok, à tel point qu'aujourd'hui 80 % des utilisateurs de la plateforme se tournent vers elle pour se tenir au courant des dernières nouveautés musicales. La musique, le rythme, les voix participent à dynamiser les vidéos, et servent la créativité des utilisateurs. Les courtes répliques de sketches, de séries ou encore de films sont également très exploitées. En vous rendant dans l'Explorer de TikTok, vous aurez accès aux multiples musiques tendance. Selon votre thématique, vous pourrez créer du contenu en fonction de celles-ci, ou les détourner pour vous démarquer.

Conseil bonus : un bon taux de rétention[1] signifie un algorithme très content. Et plus vos vidéos seront courtes (entre 9 et 15 secondes), plus vous aurez de chances qu'elles soient vues en entier et vous offrent un super bon taux de rétention !

1 - Le taux de rétention est en fait la durée moyenne de visionnage par rapport à la durée totale de la vidéo. Quand le taux de rétention est de 100 %, cela signifie que les utilisateurs regardent entièrement les vidéos publiées.

52

Comment trouver sa place dans un univers de niche ?

TikTok présente des univers très spécifiques. Ces univers de niche représentent aussi bien une chance qu'un défi pour les marques. Voici quelques conseils pour trouver votre place :

1. **Effectuez un travail de recherche fourni.** En effet, quel que soit le média, les publics de niche se caractérisent par une culture spécifique dont, souvent, découlent un vocabulaire et des préférences très particuliers. En faisant cette recherche, vous serez plus apte à créer du contenu en accord avec les préférences de la communauté que vous ciblez.

2. **Créez du contenu authentique.** TikTok est, avant tout, une plateforme qui permet de créer de la conversation. Dans ce cadre, un contenu trop institutionnel ne correspondrait pas aux codes. Il doit, au contraire, jouer la carte de la fraîcheur et de la spontanéité.

3. **Trouvez les bonnes mécaniques pour engager votre communauté.** De nombreuses marques ont utilisé TikTok de manière créative. L'une des premières stratégies est de faire appel à l'influence, en repérant des profils (plutôt natifs de la plateforme) qui correspondent à vos valeurs et parlent à vos audiences. C'est ce qu'a fait, par exemple, Too Faced, marque de

produits de beauté qui s'est associée avec l'influenceuse Kristine Hancher.

Il est également possible de combiner plusieurs dispositifs et d'impliquer les audiences grâce à des challenges spécifiques.

TikTok est le royaume des esthétiques de niche. C'est le cas du **Cottagecore** qui retranscrit une vision assez idéalisée de la vie à la campagne, ou du **Dark academia** qui se centre sur le tweed, la littérature fantastique, le café fumant et une idéalisation forte des études dans une vieille université telle qu'Oxford.

53

Comment trouver sa ligne éditoriale ?

Trouver sa ligne éditoriale nécessite, comme sur tout réseau social, une bonne dose de « *test and learn* » !

Dans un premier temps, elle doit s'inscrire en cohérence avec votre ligne éditoriale habituelle autour de votre marque.

Ensuite, vous devrez réfléchir, et tester trois éléments essentiels qui viendront animer votre ligne éditoriale :

- **l'objectif** : quelle vidéo pour quel objectif ?
- **le format** : quelle durée de vidéo, quel type ?
- **la fréquence** : combien de vidéos par jour ?

Vous devrez aussi concevoir votre univers graphique, les couleurs et les types de police utilisés. N'hésitez pas à faire varier le ton pour l'adapter au format et à votre cible sur TikTok.

L'exemple de Merci Handy est intéressant. La marque de cosmétiques colorés s'est lancée très tôt sur TikTok et a su créer et affiner sa ligne éditoriale pour gagner en influence sur la plateforme. Elle a su se rendre sympathique et accessible, en proposant du contenu qui met en scène la même personne, souvent avec humour. Le compte alterne des vidéos courtes humoristiques, en face caméra traditionnel de

TikTok ; mais aussi des vidéos qui présentent des produits, des jeux, etc.

N'oubliez pas que vous êtes sur un réseau social particulièrement rythmé par les interactions de ses utilisateurs.

Sans remettre complètement à plat votre stratégie et votre ligne éditoriale, vous pouvez vous appuyer sur les retours de vos communautés, en leur posant des questions sur ce qu'elles aimeraient voir comme contenu ou type de contenu. Vous pourrez ainsi identifier des sujets, des formats que vous pourriez appliquer à vos créations.

54

Comment faire de TikTok un outil de veille thématique ?

Réaliser une veille sur TikTok vise principalement à se tenir informé des intérêts des utilisateurs. C'est, en effet, le réseau de la viralité par excellence. C'est d'autant plus intéressant qu'il existe aujourd'hui de très nombreux contenus autour de thèmes diversifiés : gastronomie, mode, musique, livres...

Pour mettre en place une veille thématique, vous pouvez, dans un premier temps, vous intéresser à **l'onglet « Discover »**, qui présente les vidéos qui ont du succès sur la plateforme. Cette partie de l'application va vous permettre de voir des tendances de format qui plaisent aux utilisateurs, et de mieux comprendre la logique de TikTok pour vous en inspirer.

Ensuite, vous pouvez faire des **recherches par hashtags**. Ces derniers permettent de voir des contenus qui ont du succès autour d'une thématique particulière.

Par exemple, avec #Booktok. C'est LE hashtag le plus scruté par l'industrie du livre, en ce moment. Avec 23,4 milliards de vues cumulées de toutes ces vidéos de recommandations littéraires, le phénomène a fini par attiser la curiosité des maisons d'édition, dont les ventes explosent auprès des adolescents.

Mais les hashtags peuvent aussi être utilisés autour d'événements comme Noël, de thématiques comme le gaming... Ou encore en matière de musique ! TikTok est en effet considéré comme un tremplin musical. En 2021, la plateforme a propulsé 175 chansons dans le classement Billboard USA.

Pour l'instant, concevoir une veille thématique plus fine via TikTok n'est pas possible, en raison de la non-intégration des requêtes booléennes[1] sur les hashtags, de l'absence de recherches sur des éléments d'images ou de vidéos et de filtrage par langue ou par localisation des utilisateurs.

1 - Les requêtes booléennes sont les recherches que vous faites pour trouver du contenu en utilisant les opérateurs booléens : ET, OU, les guillemets, les signes « - » et « : » Par exemple, les guillemets permettent de rechercher une expression exacte, et le signe « - » d'exclure un terme dans une recherche. Il existe par la suite des opérateurs spécifiques et plus avancés, qui concernent la datation chronologique : *before*, *after*, ou le format des contenus recherchés : *filetype*, etc.

55

Comment trouver des hashtags populaires ?

Pour trouver des hashtags, il faut, tout d'abord, déterminer votre secteur, vos thématiques, les sujets que vous allez aborder. Ensuite, vous devez faire des listes de hashtags en lien avec tous ces sujets.

Pour vous aider, vous pouvez analyser les légendes et hashtags des comptes similaires au vôtre, mais aussi des comptes que vous ciblez.

Utilisez des hashtags tendance ou sponsorisés, s'ils sont en cohérence avec votre contenu.

C'est une bonne stratégie que de trouver et d'utiliser des hashtags populaires sur TikTok. Ils correspondent le plus souvent à une tendance ou à un challenge. Attention alors à les utiliser à bon escient, et seulement si votre contenu vidéo rebondit sur la tendance ou le challenge.

Pour trouver les hashtags les plus populaires du moment, il vous suffit d'aller dans l'onglet « Découvrir » de l'application. Vous retrouverez les hashtags les plus populaires, avec leur nombre d'utilisations. Si vous cliquez dessus, vous trouverez un résumé expliquant la tendance, ainsi que les vidéos qui utilisent le hashtag. À vous de naviguer dans les vidéos pour trouver l'inspiration ! Vous avez la possibilité de mettre le hashtag en favori pour plus tard, ou de rebondir immédiatement sur la tendance en réalisant un contenu avec le bouton « Rejoindre ce hashtag ».

Vous pouvez également utiliser des outils comme Tiktokhashtags.com[1] qui vous propose, à partir d'un mot-clé, des hashtags connexes populaires, ainsi que des groupes de hashtags à copier-coller dans vos descriptions de vidéos.

Nous vous recommandons de piocher certains hashtags proposés, mais de ne pas forcément tous les choisir, et surtout de ne pas mettre toujours les mêmes !

1 - Site permettant de générer des hashtags sur TikTok : https://tiktokhashtags.com/

Influenceurs et marques sur TikTok

56

C'est quoi, un influenceur TikTok ?

Les stars des réseaux sociaux, en général - et TikTok n'échappe pas à la règle -, deviennent des influenceurs : ils influencent les comportements de leurs audiences, et notamment leurs comportements de consommation et d'achat.

La visibilité offerte par TikTok rend possible la promotion d'un style de vie, d'un produit, d'un service ou d'une activité en montrant une situation authentique. Par leurs positionnements, leurs univers et leurs créations de contenus, les influenceurs suscitent l'intérêt des marques et des audiences via une expérience différente des publicités classiques.

Quand la publicité traditionnelle vise à promouvoir l'image d'une marque ou à vanter les mérites d'un produit, l'influenceur établit un lien fort avec ses communautés, en partageant avec elles sa propre expérience.

De fait, lorsque nous retrouvons sur TikTok des créateurs de contenus que nous connaissons et suivons, et qui partagent une partie de leur vie, nous nous sentons proches d'eux, nous pouvons interagir avec eux, bien plus qu'avec un acteur d'Hollywood inaccessible posant pour une marque de café[1].

1 - Toute ressemblance avec des personnes existantes ou ayant existé serait purement fortuite !

Alors, en quoi l'influence sur TikTok se démarque-t-elle de celle des autres applications ?

- L'algorithme permet aux vidéos d'un inconnu de faire des millions de vues, et à leur créateur de devenir très rapidement un influenceur. Tout le monde est un influenceur en puissance !
- Si les vidéos peuvent être de grande qualité, avec un sens esthétique fort, à l'instar d'Instagram, elles peuvent également mettre en scène des situations sans filtre, via la caméra d'un smartphone, sous une faible luminosité – et pourtant avoir autant d'impact et susciter autant d'engagement. Ce qu'il faut retenir, c'est que, sur TikTok, l'authenticité prime sur la beauté.
- Les coûts de production sur TikTok sont faibles – d'où une accessibilité plus grande au monde de l'influence, et une hétérogénéité forte des influenceurs, mais également une volatilité plus grande.
- Les outils et fonctionnalités proposés par TikTok facilitent la création de contenus éclectiques et ludiques, qui permettent facilement d'engager ses communautés : duos, challenges, etc.

Le top 3 des influenceurs en France en 2021 :

1. **Léa** : @leaelui
2. **Pierre Boo** : @itspierreboo
3. **Jojo Akams** : @akamztwenty20

Le taux d'engagement des influenceurs français, en 2021, est de 19,32 % (*vs* 15,86 % dans le monde, et 2,26 % sur Instagram).

57

Pourquoi les influenceurs TikTok sont-ils les plus prisés par les marques ?

Nous l'avons vu précédemment, la machine TikTok peut s'emballer facilement ; il n'est pas rare qu'un compte inconnu crée une vidéo générant plusieurs millions de vues, et recrute, en peu de temps, des millions d'abonnés.

La « caste » des influenceurs que l'on voit sur d'autres plateformes est donc beaucoup plus perméable ; et les statistiques sont souvent au rendez-vous pour les marques.

Mais, surtout, TikTok permet à des profils inhabituels de devenir influenceurs. Là où Instagram est plutôt un espace du « beau », TikTok semble casser les idées reçues. Ainsi, on y voit plus facilement des influenceurs sortant des canons habituels de beauté, des personnes en situation de handicap, des personnes aux métiers plus inhabituels (installateur de fibre, paysan, tatoueur, spécialiste de l'impression 3D, etc.). Bref, ça ressemble plus à la vraie vie – avec une forme d'authenticité, tant dans les profils que dans les messages.

Par ailleurs, cela ouvre le champ des possibles pour un nombre important de secteurs pour lesquels le domaine de l'influence ne semblait pas pertinent.

Néanmoins, les influenceurs issus de TikTok savent que les marques et les budgets ne sont pas aussi importants sur la plateforme que sur d'autres, plus installées. On voit donc assez régulièrement ces personnes tenter des manœuvres de vases communicants entre TikTok et Instagram ou Twitch. Sur Instagram, 20 000 abonnés peuvent valoir autant que 100 000 sur TikTok, sous l'angle de la monétisation que l'on peut espérer faire.

De même, la « réplication » d'une vidéo virale par un influenceur qui est monté rapidement n'est pas garantie. L'algorithme est seul maître d'une vidéo qui explose, notamment dans une situation où la majorité des contenus sont consommés via le fil « Pour toi », et non dans le fil de ses abonnements.

58

Qui est Khaby Lame, ce TikTokeur aux vidéos qui font rire le monde entier ?

Le créateur qui comptabilise le plus de vidéos dans le top 25 est Khabane Lame - plus connu sous le nom de « Khaby Lame » -, avec 8 de ses créations. Il est même le seul à en avoir plusieurs, dans ce top.

Avec ses 115,9 millions de followers, il est le deuxième influenceur le plus suivi sur TikTok. Le temps d'écrire ces quelques lignes, et plusieurs centaines de milliers de personnes auront rejoint sa communauté.

Le jeune Italien d'origine sénégalaise publie ses premières vidéos sur TikTok en mars 2020, à 21 ans, ayant perdu son emploi en pleine pandémie de covid-19. Et la magie de l'algorithme agit : en quelques publications, il traverse les frontières et devient rapidement le TikTokeur le plus suivi d'Italie, puis il rejoint le podium mondial.

La valeur de son réseau est estimée, à ce jour, à plus de 2 millions de dollars ; et, selon *Influencer Marketing Hub*, Khaby pourrait facturer plus de 98 561 dollars par publication - ce qui ferait de lui l'un des TikTokeurs les mieux payés au monde.

La signature de ses créations est la simplicité. Dans ses vidéos - hilarantes sur un comique de situation -, Khaby Lame ne parle pas. Il mime, soigne sa gestuelle - comme le haussement d'épaules, l'air blasé ou des expressions du visage désabusées –, et parle une langue universelle sans dire un mot, en prenant son audience à témoin.

Plus de 37 millions de vues, pour cette vidéo où il explique à un utilisateur, qui se sert d'un couteau pour éplucher une banane, qu'il peut simplement utiliser… ses mains !

Khaby surfe donc sur l'absurdité de ces contenus qui circulent sur TikTok ou sur le Net. Les vidéos en duo de Khaby Lame – dont certaines avoisinent les 300 millions de vues – s'appuient sur d'autres vidéos censées montrer des astuces à leur audience. Avec son #learnfromkhaby, il donne une leçon aux absurdités de la Toile, et devient un mime moderne.

59

Qui est Bella Poarch, ce pur phénomène TikTok ?

Voici un phénomène TikTok qui est incompréhensible pour la plupart d'entre nous : comment une jeune Américano-Philippine a-t-elle pu passer du statut d'inconnue à celui de star de la plateforme en à peine quelques mois ?

Car, oui, Bella Poarch - de son vrai nom Taylor Nairee - fait partie des nouvelles stars de la plateforme (la quatrième créatrice la plus suivie, avec 88 millions d'abonnés et plus de 2 milliards de likes sur ses vidéos) dans le monde entier ; voire de la culture TikTok, avec la vidéo de lip-sync qui lui a permis d'exploser en notoriété.

Après un passé chaotique - née aux Philippines dans un bidonville, maltraitée pendant son enfance -, elle a été adoptée et a déménagé au Texas pour y vivre. Elle s'est alors engagée dans la Navy américaine, avant d'en partir en 2018. Elle confie, dans une de ses vidéos, avoir fait ses tatouages pour couvrir les cicatrices de son enfance.

Elle s'inscrit, ensuite, sur TikTok, avant de publier, en août 2020, cette fameuse vidéo, « M to the B », qui la propulsera au rang de vidéo la plus « likée » de TikTok[1] :

1 - Plus de 54 millions de likes, en décembre 2021.

Ce sont ses mimiques *kawaii* (mot qui signifie « mignon » en japonais) qui lui ont fait gagner plus de 2 millions d'abonnés en une seule journée. Et qui ont permis au titre *Soph Aspin Send* (plus connu, donc, sous le nom *M to the B*), de la rappeuse Millie B, de devenir un phénomène international et d'être utilisé dans plus de 5,8 millions de vidéos.

Bella Poarch, loin de se contenter de ses expressions faciales, profite de son succès pour faire découvrir à son public ses talents de chanteuse. Elle s'approprie les codes de la plateforme pour mettre en avant ses talents, et reprendre certaines chansons tendance, avant de sortir son propre clip musical - *Build a B*tch* -, qui lui vaut d'être élevée au rang de chanteuse américaine. En 2021, ses revenus sont estimés à 5 millions de dollars.

Pourquoi Bella Poarch mérite-t-elle votre attention ?

- Sa vidéo est l'une des vidéos structurantes de la plateforme[2], et il est important de la connaître pour comprendre les fondamentaux et la culture première de TikTok.
- Elle joue à merveille avec les codes de TikTok, s'emparant des effets et des musiques tendance, dès les prémices.
- Elle a compris l'impact des croisements d'audiences, et met en place avec justesse des collaborations sur TikTok[3].

---

2 - Tout comme celle de Nathan Apodaca, avec sa bouteille de jus Ocean Spray (question 97).

3 - Le rappeur Tyga, l'influenceur James Charles, le chanteur Justin Bieber, etc.

- Sa trajectoire de vie professionnelle nous permet de comprendre les évolutions possibles des influenceurs et influenceuses, et les choix qu'ils font.

Alors, prêt à « lip-syncer » ?

60

Qui est Charli D'Amelio, la reine de TikTok ?

En juillet 2019, une adolescente du Connecticut poste, sur TikTok, une vidéo où elle suit la chorégraphie de *Move with Joy*. Charli D'Amelio était loin d'imaginer que ce duo[1] allait la propulser au rang de « reine de TikTok », quelques années plus tard.

Elle est la première utilisatrice à avoir atteint les 100 millions d'abonnés, et celle qui est la plus suivie, avec plus de 134 millions d'abonnés.

Elle a gagné 24 millions de dollars en 2021, ce qui a fait d'elle la TikTokeuse la mieux payée de l'année.

Sa vidéo la plus vue est « Vroom Vroom Dance », avec 112,3 millions de vues. C'est dans ce format que Charli excelle : une reprise de danse sur une routine préalablement chorégraphiée, sur une musique déjà virale.

La célébrité est imprévisible. Donc pourquoi Charli a-t-elle été nommée « reine de TikTok » par le *New York Times* ?

Et que devons-nous parfaitement maîtriser pour devenir des stars de TikTok ?

• **Les codes de la plateforme** : pas de danse technique ou complexe, mais une simplicité de

1 - Voir la question 42, Comment fait-on des « Duos » et des « Collages » ?, page 114.

mouvements. L'idée n'est pas de bien danser, mais d'interpréter et de rester accessible.

• **L'algorithme** : en restant dans une création de contenus maîtrisée, Charli est un choix très sûr en matière de recommandation, et permet de générer beaucoup d'engagement, notamment pour les utilisateurs qui n'ont pas un historique assez détaillé pour qu'on détermine leurs préférences[2].

• **Les codes culturels et générationnels** : avec son contenu « *entertainment* » et sa personnalité de « *girl-next-door*[3] », Charli incarne la génération excentrique et optimiste à laquelle TikTok souhaite parler.

• **La communication** : humilité et authenticité. « On ne peut pas se forcer à sourire. Il faut faire ce qui nous plaît vraiment. C'est pour ça que, si je ne me sens pas bien, je ne publie pas de vidéos ; et ce n'est pas grave[4]. »

• **Le timing et la capacité à bien s'entourer** – tant dans ses vidéos TikTok (reprise de sons ou de chorégraphies déjà virales, challenges, duos, prises de position, etc.) que dans ses projets hors TikTok (une émission de téléréalité pour Hulu avec sa famille et une ligne de vêtements, Social Tourist, avec sa sœur, Dixie, etc.).

---

2 - Selon Marc Faddoul, chercheur en intelligence artificielle à l'université de Berkeley, Californie in Cassidy George, « How Charli D'Amelio Became the Face of TikTok », *The New Yorker*, 5 septembre 2020.

3 - Traduction : la « fille d'à côté ». Soit la fille qui pourrait être votre voisine, une femme à la féminité modeste et non prétentieuse. « Mes préoccupations sont les mêmes que celles de mes abonnés, je suis une personne réelle, pas une star. En dehors de TikTok, j'ai une vie banale. » (Interview de Charli D'Amelio pour NBC, juin 2021.)

4 - Charli D'Amelio dans *The Tonight Show*.

Les clés sont là. Il suffit de les utiliser avec persévérance, et de croiser les doigts pour que l'algorithme nous remarque !

Qui sera capable de détrôner Charli, la reine de TikTok ?

61

Combien gagne un influenceur TikTok ?

La professionnalisation des influenceurs est, aujourd'hui, au centre du modèle économique de TikTok. La simplicité des outils de création de contenus, la possibilité d'être rémunéré et l'algorithme permettant à des inconnus d'émerger et de percer sont autant d'arguments pour susciter des vocations chez les utilisateurs de TikTok, celles de devenir des créateurs de contenus et des influenceurs.

Pour eux, il existe deux moyens d'être payés pour leurs contenus :

- Par le fonds de rémunération de TikTok, appelé le « *Creator Fund* », qui représente plus de 250 millions d'euros.
- Les conditions pour recevoir une dotation du fonds restent fluctuantes, mais, *a minima*, il faut avoir plus de 10 000 abonnés et comptabiliser plus de 100 000 vues sur les vidéos publiées, en 30 jours consécutifs. TikTok a communiqué sur ces dotations, et l'on trouve des influenceurs qui font état de 20 euros pour 1 million de vues.
- Par des collaborations avec des marques, qui ont un intérêt à s'associer aux influenceurs pour profiter de leur visibilité et de leur capacité à engager leurs audiences. Les tarifs sont négociés au cas par cas.

Publiée mi-septembre 2021 par Business Insider, une étude a permis d'interroger 1 249 influenceurs originaires des États-Unis, du Canada et du Royaume-Uni, afin de mieux comprendre les tarifs pratiqués. Il en ressort que la plateforme TikTok est l'une des plus rémunératrices du moment.

Celles et ceux qui comptaient moins de 5 000 abonnés sur TikTok ont répondu : 153 euros (en moyenne, par vidéo publiée) – tarif qui passe à 204 euros entre 5 000 et 10 000 abonnés. Mais les prix grimpent vite, puisqu'on passe à plus du double, soit 467 euros par contenu sponsorisé, entre 15 000 et 20 000 abonnés. Et même à près de 900 euros, dès lors que les comptes dépassent les 25 000 abonnés.

Quant aux influenceurs phares – dont le nombre de followers dépasse le million –, ils peuvent tarifer chacune de leurs prestations environ 2 250 euros. La somme pouvant atteindre les 3 700 euros pour la diffusion d'un seul contenu, pour les influenceurs de plus de 5 millions.

Charli D'Amelio – avec plus de 48 millions d'adeptes – occupe la première place, avec 48 199 dollars par vidéo publiée.

Mais tout n'est pas rose : MrBeast, influenceur et star de YouTube le mieux payé des deux dernières années[1], révèle son salaire (très bas) de 14 910 dollars pour 1 milliard de vues.

1 - 54 millions de dollars en 2021. Source : https://www.forbes.com/sites/abrambrown/2022/01/14/the-highest-paid-youtube-stars-mrbeast-jake-paul-and-markiplier-score-massive-paydays

Gagner un peu d'argent, oui, c'est possible, mais il faut garder en tête que, pour espérer gagner un Smic sur TikTok, il faut, en réalité, être dans le top 3 % des TikTokeurs[2].

2 - Vincent Manilève, « YouTube, TikTok, Twitch... aucune plateforme ne permet de financer l'économie de la passion », *L'ADN*, 22 octobre 2021.

Publicité et vente sur TikTok

62

Finalement, TikTok permet-il de mieux vendre ?

91 %, c'est le pourcentage d'utilisateurs ayant déclaré avoir fait des achats impulsifs sur TikTok, au cours des vacances de l'année 2020[3].

Cette proportion dépasse de 2 à 11 points les performances de ses concurrents - YouTube, Instagram, Facebook et Snapchat.

Conscient de la volonté des entreprises à utiliser TikTok à des fins commerciales, le réseau social a lancé la plateforme *TikTok For Business*. Celle-ci permet aux marques et aux annonceurs de déployer des stratégies de *brand content* et de *social selling* - le tout associé à différents formats publicitaires. *TikTok For Business* vous permet de cibler votre audience de campagne (genre, âge, langue, intérêts, etc.), puis de déterminer ses objectifs (accroître le trafic sur votre site Web, taux de conversion, nombre d'installations d'applications, etc.).

Alors, oui, on peut vendre sur TikTok. Et la plateforme fournit les outils nécessaires pour le faire. Mais encore faut-il bien définir ses objectifs, ses cibles, créer un contenu de qualité, et bien

---

3 - Source : Peter Adams, « TikTok pitches brands on "community-based commerce" while pushing past Gen Z image », *Marketing Dive*, 7 mai 2021.

connaître les codes de la plateforme pour vendre, et vendre mieux. Lancer un Hashtag Challenge ou une campagne TopView ne garantit pas une augmentation significative de ses ventes ou du trafic. Avant de vous lancer, soyez sûr de connaître la plateforme et ses codes, ou du moins d'être accompagné par des experts.

Autre solution proposée par TikTok : faire appel à des influenceurs pour booster les ventes, via la *Creator Marketplace*. Cette plateforme permet notamment aux marques de rechercher des influenceurs avec lesquels collaborer. Les filtres de recherche permettent de trouver des informations sur le profil d'un créateur : pays, thème, moyenne des vues, portée. Pour les entreprises habituées à l'esthétique d'Instagram, collaborer avec des TikTokeurs peut sembler effrayant. Il faudra, en effet, renoncer à un certain contrôle, car la nature même des contenus TikTok est liée à l'authenticité et la spontanéité.

63

Pourquoi et comment faire de la publicité ?

Faire de la publicité sur TikTok, c'est toucher très rapidement des clients ou consommateurs potentiels en quelques clics, en maîtrisant son budget, et sans devoir contacter une agence ou une régie publicitaire.

Tout est accessible depuis une console de gestion, et vous êtes entièrement autonome. Vous pouvez commencer et tester, avec quelques dizaines d'euros, pour voir si ça prend, augmenter ou ajuster votre communication sans contraintes.

Vous bénéficiez de l'incroyable trafic quotidien d'utilisateurs sur TikTok, avec tous les outils pour cibler, afin que vos publicités s'affichent pour les bonnes personnes ! Le ciblage peut être géographique, par centre d'intérêt, par type d'interactions ; et vous pouvez combiner ces paramètres.

Pour démarrer, il suffit de se rendre sur la page *TikTok For Business*[1] et de créer et activer son compte business.

Par la suite, vous allez trouver une interface de gestion de campagne classique, qui ressemble énormément à celle de Facebook, LinkedIn, Twitter, Snapchat ou Google AdWords. Si vous avez

1- www.tiktok.com/business/fr/

déjà fait de la publicité en ligne, vous ne serez pas dépaysé ! Le processus est exactement le même.

Si vous débutez en matière de publicité en ligne, vous pourrez être guidé dans un mode de création simplifié, qui vous posera des questions, étape par étape, afin que vous puissiez construire votre campagne en quelques minutes.

64

Quels sont les différents formats de publicité ?

Le format des publicités sur TikTok est le même que celui des posts des utilisateurs : la vidéo portrait en plein écran !

La différence est que vous allez pouvoir envoyer votre ou vos vidéos publicitaires à partir d'un ordinateur. Dès lors, vous pouvez tourner et monter votre publicité avec votre logiciel préféré et obtenir un rendu professionnel (tout en essayant de conserver la spontanéité et l'humour qui sont plébiscités sur TikTok).

Si vous travaillez avec un professionnel, celui-ci pourra utiliser Final Cut, Adobe Premiere ou After Effects.

Une fois votre vidéo prête, ce sont l'emplacement et les objectifs que vous allez pouvoir faire varier en fonction de ce que vous cherchez.

Voulez-vous simplement un maximum de visibilité ? Si oui, le format TopView, qui affiche votre publicité au moment où les utilisateurs lancent l'application, est fait pour vous !

Vous souhaitez cibler plus finement et toucher vos potentiels nouveaux clients afin d'obtenir des interactions avec eux ? Le format In-Feed Ads vous conviendra – c'est aussi le plus utilisé. Il permet de faire apparaître vos publicités dans le flux de vidéos TikTok des utilisateurs, comme si c'était un compte qu'ils suivaient.

Les autres emplacements permettent de cibler des hashtags, des stickers et des challenges pour les projets de publicité plus larges.

Des options permettent aussi de choisir le type d'interactions que vous souhaitez obtenir : renvoyer les gens sur votre site ou boutique en ligne, générer des conversations par messages, obtenir les coordonnées des personnes intéressées afin de les injecter dans votre plateforme CRM[2], et bien plus !

---

2 - *Customer Relationship Management*, soit « gestion de la relation client ».

65

Comment reconnaître une publication sponsorisée ?

Les publicités sur TikTok sont facilement identifiables, car elles ont toutes une petite bulle blanche présente entre le texte de la description de la vidéo et la musique utilisée, portant l'inscription « Publicité ».

Souvent, aussi, en fonction du choix de la personne qui a créé la campagne, apparaît un bouton rouge d'appel à l'action (CTA : *Call To Action*) en bas de l'écran.

Cet appel à l'action est choisi en fonction de l'objectif de la campagne :

- « En savoir plus », pour renvoyer la personne sur un site internet ou une boutique en ligne.
- « S'inscrire », pour faire s'afficher un formulaire pré-rempli, avec les coordonnées de l'utilisateur qu'il peut transmettre à l'annonceur (pour être rappelé, s'inscrire à une newsletter, recevoir un code promo, etc.).
- « Télécharger », si c'est une publicité pour une application mobile.
- « Contactez-nous », si vous souhaitez générer une conversation en message privé.
- « Réserver maintenant », pour renvoyer vers une plateforme de réservation.
- Etc.

Il existe des dizaines d'appels à l'action pour être sûr d'atteindre ses objectifs !

Seules les publicités peuvent avoir accès au bouton d'appel à l'action, en bas de l'écran.

66

Quelles sont les bonnes pratiques de publicité sur TikTok ?

Dès le lancement de sa régie publicitaire, TikTok s'est positionné différemment des autres plateformes et a conseillé aux marques : « Ne faites pas de publicité, faites des TikTok[1]. »

Et la majorité des utilisateurs sont du même avis : la publicité y est unique, différente de celle qu'on voit sur les autres plateformes. Donc, pour augmenter son ROAS[2], l'unique conseil donné est d'être divertissant, créatif et intéressant.

Un exemple intéressant de publicité de type partenariat est celui mené par la créatrice @julesterpak qui produit une publicité engageant sa communauté[3], en lui apportant le bon produit, sans trahir ses valeurs.

Alors, comment pouvons-nous faire du TikTok ? Comment cela se traduit-il sur nos vidéos publicitaires ? Voici les recommandations principales pour être le plus percutant :

- Priorisez les vidéos verticales.

---

1 - *« Don't make ads, make TikTok. »*

2 - *Return on Ad Spend.* C'est un indicateur de retour sur investissement, qui mesure le chiffre d'affaires gagné pour chaque euro dépensé en publicité.

3 - Vidéo publicitaire menée en partenariat avec l'éditeur de logiciel Descript.

- Limitez-en la durée : entre 9 et 15 secondes, en recommandation.
- Centrez[4] les éléments les plus importants : votre CTA et le nom de votre marque.
- Choisissez avec soin votre musique de fond.
- Ajoutez des sous-titres, concis et informatifs, à vos vidéos, pour faciliter la compréhension.
- Incluez un CTA explicite, pour inviter l'audience à effectuer l'action attendue.
- Faites en sorte que les 3 premières secondes comptent : elles doivent accrocher et capter l'attention de votre audience.
- Soyez authentique.

Et, bien entendu, comme dans toute stratégie publicitaire, l'essentiel est l'objectif principal – qui conditionne vos choix de création et la configuration de votre publicité : « Atteindre », « Trafic », « Installation de l'application », « Affichages de la vidéo » et « Conversions ».

Sur TikTok, les publicités sont, pour le moment, décorrélées des publications natives. Il est donc possible, pour une marque, de créer facilement des publicités, sans avoir créé son propre compte.

4 - TikTok peut masquer les marges extérieures des cadres.

67

Combien coûte la publicité sur TikTok ?

Inclure TikTok dans une stratégie publicitaire, au vu des taux d'engagement, est clairement le gage d'un levier incroyable, mais pas à n'importe quel prix.

Plusieurs facteurs entrent en compte au moment d'établir un budget publicitaire :

- **Deux types de budget** : total (le montant total engagé), ou journalier.
- **Deux méthodes de placement** : placement automatique (TikTok optimise la diffusion de vos publicités), ou placement personnalisé.
- **Quatre méthodes d'enchère** : coût par clic (CPC), coût par clic optimisé (oCPC), coût pour mille vues (CPV), et coût par mille (CPM).

	Formats en collaboration avec TikTok	Formats libres de mise en place
Formats concernés	hashtag challenge, brand takeover, top view, branded effect	in-feed video
Modèles d'enchères	Coût par jour, coût par mille	Coût par mille, coût par vue, coût par clic, coût par acquisition
Facturation	Prix fixe	Enchère dynamique

Le format publicitaire le plus accessible est le format In-Feed.

La mise en place de ce type de campagne débute à 50 euros par jour, minimum.

S'agissant des autres formats, vous devez entrer en relation directe avec TikTok pour les mettre en œuvre : Hashtag Challenge, Brand Takeover, TopView, Branded Effect. Et les budgets sont bien plus importants.

À titre d'exemple, une campagne publicitaire sous un format Hashtag Challenge coûte environ 150 000 dollars pour une semaine. Et un Brand Takeover – garantissant 5 millions d'impressions – coûte 50 000 dollars par jour d'activation.

68

TikTok est-il efficace pour générer des leads ?

TikTok est incroyablement efficace pour générer des interactions et des leads sur des publicités ! La force du réseau ne réside pas seulement dans la quantité d'utilisateurs, mais aussi dans l'ambiance, l'état d'esprit dans lequel sont les gens qui lancent l'application : ils ont envie de se divertir, rire, partager du positif !

Sur Facebook, si vous commentez une publication sur un sujet qui ne vous plaît pas, le réseau va considérer que cette thématique génère des interactions, et augmenter la quantité de publications sur ce sujet dans votre flux. Cela peut vous énerver, générer des échanges tendus, de l'anxiété, et... ce n'est pas le bon moment, pour une marque, de se présenter vers vous pour essayer de vous vendre quelque chose.

Sur TikTok, la majorité des utilisateurs n'est pas du tout dans une démarche négative de conflit ou d'énervement. On obtient donc de bien meilleurs résultats, généralement ; et vous allez certainement vous en apercevoir après avoir lancé votre campagne.

Bien entendu, il n'y a pas de recette magique qui marche à tous les coups. Cela dépend de la cible, du produit, du contexte et de nombreux paramètres. Mais une chose est certaine : l'outil de campagne publicitaire de TikTok est d'une efficacité redoutable. En quelques heures, vous pouvez voir si votre campagne décolle, ou va décoller, et obtenir rapidement des données - voire un retour sur investissement !

Ainsi, vous pouvez très rapidement décider de continuer, d'amplifier, de modifier ou de stopper votre campagne.

69

C'est quoi, le Community Commerce chez TikTok ?

En 2021, les ventes en ligne ont progressé de 15,1 %[1], sous l'impulsion forte des réseaux sociaux. Il est donc essentiel, pour les marques, de réfléchir à la façon de mieux vendre leurs produits à travers ces réseaux.

TikTok a innové, et a adopté une tactique appelée *Community Commerce*, qui est la résultante d'une combinaison entre communautés, contenus de divertissement et commerce.

Il existe d'importantes opportunités de développement, à la croisée du contenu et du commerce, surtout quand elles sont soutenues par un fort sentiment de communauté et d'authenticité, qui sont propres à TikTok.
– Helen Lin, Chief Digital Officer, Publicis

L'idée est que les marques créent du contenu créatif et intéressant, via les différents formats vidéo proposés par TikTok, afin d'exposer leurs produits. Cependant, le meilleur pari, dans ce cas, est de payer des créateurs de contenus déjà établis sur la plateforme, afin qu'ils utilisent et évaluent les produits, tout en gardant leur ton, leur humour, et en utilisant tous les mécanismes d'engagement proposés par TikTok.

1 - Source : Fevad, « Bilan du e-commerce en France en 2021 », communiqué de presse du 3 février 2022.

Le *Community Commerce* encourage les créateurs à créer des contenus amusants, engageants, voire irrésistibles, qui mettent en avant les produits préférés des marques. Ces contenus sont ainsi « aimés » et partagés par leurs communautés, et cela crée une nouvelle prise de conscience de la marque, puis une désirabilité, et enfin des ventes.

Le hashtag #TikTokMadeMeBuyIt met en avant les produits découverts sur TikTok, et a déjà généré plus de 3,8 milliards de vues, à ce jour.

Plusieurs entreprises se sont lancées dans ce *Community Commerce* – toutes possédant préalablement une communauté forte et engagée autour de leurs produits, comme McDonald's, Gatorade, Disney ou L'Oréal.

TikTok, une plateforme militante

70

Et si TikTok était en train de devenir la plateforme privilégiée des militants ?

Avec des taux d'abstention aux élections qui s'enflamment chez les jeunes – Ipsos rapporte un taux de 87 % des 18-24 ans aux régionales de 2021 –, on serait tenté de souligner le désintérêt de cette tranche d'âge pour la politique. C'est que le débat est ailleurs, et principalement sur les plateformes sociales : TikTok offre une tribune et une voix aux engagements militants.

Certains influenceurs ont fait de leurs causes la raison d'être de leurs contenus, en faisant passer leurs informations et messages, ou leurs actions militantes.

La viralité joue un rôle important dans la prise de conscience collective des préjugés et de leurs impacts concrets. Plusieurs phénomènes l'ont récemment illustré :

- Le hashtag #okwallet est apparu comme une réplique cinglante aux hommes interpellant les femmes en les appelant #machinealaver, les chosifiant et les soumettant à leur position de pouvoir.
- Fin 2021, Millie Lusson crée une vidéo qui dépasse le million de vues. De grandes marques de vêtements pour hommes y sont visées, pour leur humour sordide sur les étiquettes explicatives de la manière de laver le linge : « Donne-le

> à ta mère, elle sait le laver », « Confiez cette tâche à votre maman ou à votre copine, puis allez faire du skate », « Instructions de lavage : donnez ce pull à votre femme, c'est son boulot », « Le linge sale maintient les femmes occupées »...

On retient également les vidéos de personnes issues des minorités, abaissant leurs doigts, face caméra, pour compter le nombre de fois où, par exemple, elles ont été victimes d'insultes raciales, ou se sont senties en danger à cause de leur orientation sexuelle.

Évidemment, l'engagement est source de contradictions fortes, et ouvre la porte à du cyberharcèlement : la plupart de ces militants reçoivent des messages haineux, et se sentent démunis face aux *haters*[1]. Pourtant, la plateforme reste une chance de faire évoluer les mentalités et de mettre en lumière certains maux de notre siècle.

1 - Les *haters* désignent, en anglais, les personnes qui, en raison d'un conflit d'opinion ou parce qu'ils détestent quelqu'un ou quelque chose, passent leur temps à dénigrer sur les réseaux sociaux.

71

TikTok va-t-il trouver un équilibre entre validation des préjugés et tribunes des minorités ?

Au hasard de vidéos proposées par l'application, j'ai été confrontée à un live qui m'a interrogée : une jeune femme posait face caméra, et invitait à échanger avec elle. Aux « Tu es très belle », pour les commentaires les plus élégants, ou aux « Tu es bonne » pour les plus vulgaires, la créatrice de contenu répondait « merci »[1].

La plateforme ayant fait de l'image et de la spontanéité son essence, quid de la possibilité de sortir des préjugés de genre, ou racistes, dans un univers où il faut plaire au plus grand nombre en jouant sur les émotions ?

Il est fascinant de constater que TikTok est aussi un lieu de lutte sociale.

Nous savons que les algorithmes des réseaux sociaux, en se fondant sur ce que nous avons commenté ou liké, peuvent nous proposer le même type de contenu, et donc nous servir un contenu renforçant notre façon de penser. Avec son algorithme particulier et sa page « Pour toi », TikTok fait figure d'exception. Néanmoins,

1 - Témoignage de Johanna Lemler.

Marc Faddoul[2] - chercheur en IA[3], diplômé de Berkeley - livrait sur Twitter, en 2020, les résultats de ses recherches : la plateforme tend à fonder ses recommandations sur les caractéristiques physiques des utilisateurs. Si vous êtes une personne blanche et suivez des personnes blanches, TikTok vous recommandera de suivre les profils similaires au vôtre, invisibilisant de facto les minorités.

Pour corriger le tir et être en accord avec les valeurs qu'elle promeut, la plateforme a souhaité monter une action pour la lutte contre les violences faites aux femmes, et s'est associée à ONU Femmes pour une campagne qui a débuté le 25 novembre 2021, dans le cadre de la Journée internationale pour l'élimination de la violence à l'égard des femmes. TikTok a donc mis en place le hashtag #EndViolenceAgainstWomen, grâce auquel plusieurs experts, associations, utilisatrices et utilisateurs ont pu partager leurs expériences et conseils. En avril 2021, c'est avec le hashtag #consentmatters que TikTok a donné de la visibilité aux victimes d'agressions sexuelles.

Une chose est sûre, TikTok offre une tribune à celles et ceux qui ont des messages à faire passer, en libérant la parole, et en permettant de s'adresser à des cibles jeunes, de toutes les classes sociales. Le réseau social est, ainsi, un formidable outil de sensibilisation aux causes égalitaires, antiracistes et féministes. Plusieurs

2 - « *Algorithmic Transparency, and Marc Faddoul's Very Good Year* », consultable sur le site www.ischool.berkeley.edu

3 - Intelligence artificielle.

profils se démarquent, parlant aussi bien de leurs règles que de mansplaining, ou de luttes intersectionnelles. Le format court et percutant peut éveiller les consciences, et inciter les utilisateurs à creuser les messages, comme nous y invite Batchaya Candice[4], dont la bio est claire : « Éduque-toi ».

4 - @batchayacandice

72

Comment TikTok travaille-t-il sa propre communication pour afficher ses valeurs ?

Quand on est une plateforme sociale chinoise, qui fédère mondialement des millions de jeunes et qui peut accéder à leurs données d'utilisation, il est difficile de ne pas éveiller des soupçons[1].

Pour mettre en avant ses valeurs et sa volonté de bien faire, TikTok a concentré ses efforts sur la mise en ligne d'une plateforme de communication *corporate* - soulignant ses initiatives et ses engagements.

Vous pouvez trouver - en français, ce qui lui permet de se démarquer des autres plateformes - les ressources classiques pour mieux comprendre les règles de savoir-vivre de la communauté, les offres d'emploi, les lancements des produits, ou des services additionnels (filtres, effets, etc.), et d'autres informations pour accompagner les créateurs de contenus.

Ce qui en fait un cas d'école à suivre, c'est l'enrichissement apporté à la plateforme de communication :

• **TikTok se positionne sur tous les sujets qui interpellent et préoccupent la jeune génération** : de ses engagements pour la sécurité des

1 - Et on se souvient de Trump qui souhaitait bannir TikTok : « *U.S. bans WeChat, TikTok as China becomes major focus of election* », www.washingtonpost.com

données, aux hashtags promus par l'application (#ForClimate, #Edutok[2], etc.), en passant par un guide du bien-être et de la santé mentale.

• **Ses contenus sont argumentés et localisés** (en langue française, avec des données sur les utilisateurs français, avec des codes culturels français[3]).

• **Ses contenus sont engageants, car largement relayés et partagés.** Le point-clé est que ce ne sont pas simplement des contenus statiques, mais bien des partenariats développés avec de nombreux influenceurs et influenceuses sur les partis pris et les prises de position de TikTok en tant qu'entreprise à missions.

• **Sa politique de publication est à l'image de la plateforme** : collaborative, transparente et authentique. Elle propose, sans détours, des informations sur les attaques ou les remises en cause qu'elle subit, ainsi que des contenus qui ont, avant tout, la vocation d'aider les créateurs de contenus à être plus performants et engageants.

• **Sa page « TikTok For Good » fait figure d'acte de foi** : TikTok souhaite être un acteur majeur des plateformes sociales qui réponde aux attentes et aux convictions d'une jeune génération, tournées vers le sens de la société et ses causes humanitaires, solidaires et écologiques.

---

2 - TikTok a lancé le programme EduTok, en Inde, en octobre 2021. Il revendique plus de 200 000 utilisateurs, 10 millions de vidéos créées, et 46 milliards de vues. En visionnant ces courtes vidéos gratuites et amusantes, les utilisateurs indiens peuvent apprendre des phrases et expressions anglaises, prononcées par des acteurs et des célébrités.

3 - Mais, heureusement, sans *Marseillaise*, ni coq, ni cocarde tricolore à chaque page !

≡ TikTok for good

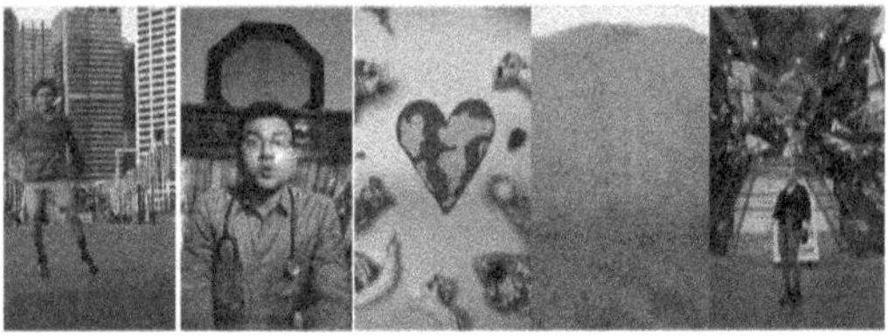

Our idea is simple...
use TikTok to do good.

TikTok wants to inspire and encourage a new generation to have a positive impact on the planet and those around them. Check out some organizations that have used TikTok to grow their audience, activate supporters, and raise awareness around specific causes.

Contact us

Here are a few ways TikTok
can help you help the world.

Le bandeau - de soutien permanent aux communautés - proposé sur la page, résume tout à fait le positionnement de TikTok, en invitant son audience à choisir les bons usages à faire vivre sur la plateforme : « Notre idée est simple... Utiliser TikTok pour faire le bien. »

Je suis une entreprise sur TikTok

73

Pourquoi les entreprises créent-elles des comptes TikTok ?

Au fil des années, les audiences se déplacent, et, avec elles, les marques. En mai 2020, on entendait : « Il y a 350 millions de personnes sur Fortnite. C'est un carrefour d'audiences qu'on ne peut pas ignorer. J'ai besoin que vous formiez nos responsables marketing sur le sujet. »

Mais le « buzz » autour d'une plateforme ne veut pas forcément dire que toutes les marques s'y précipitent d'un coup. Les plus audacieuses feront les premiers pas, et essuieront les plâtres.

Les autres passeront par plusieurs étapes : de l'acculturation interne, des recommandations de leurs agences, des tests, des *guideline groups*… Quand TikTok est apparu dans les conversations, aux alentours de 2019, les retours étaient mitigés : « Notre agence médias nous a interdit d'y aller pour des raisons de *brand safety* », « Notre audience n'y est pas, c'est une plateforme d'adolescents qui dansent sur de la musique ». Un gros travail a donc été mené par TikTok pour faire comprendre les actions en termes de modération humaine et informatique (via du *machine learning*), ou d'attention particulière à la protection des marques. Également, certaines statistiques montrent que 67 % des utilisateurs avaient plus de 25 ans en 2021.

Mais cela prend du temps. Pour comparaison, on peut se souvenir du rapport entre les marques de luxe et les médias sociaux entre 2011 et 2015 : aller sur les plateformes sociales, c'était « tuer le rituel », abîmer la marque… Jusqu'au jour où elles ont compris qu'elles pouvaient faire le choix d'être « aimées par beaucoup, achetées par peu », et exprimer leur propre identité, sans y perdre des plumes au passage.

Ce qui est sûr, c'est que, pour tout nouveau terrain d'expression, il est essentiel de respecter certaines règles : bien définir ses objectifs et indicateurs de performance, et maîtriser parfaitement les codes de la plateforme. Or, sur TikTok, ils sont nombreux : quel est le son du moment ? Quel est le challenge ? Quel filtre ? Quel mème ?

Une marque comme Orange s'est ainsi lancée en fin 2021 sur TikTok, en acceptant de casser ses codes habituels. Sa bonne idée ? Se faire accompagner par une agence d'influence nouvelle génération, et laisser la main du compte à un influenceur TikTok qui maîtrise parfaitement la plateforme.

74

Comment TikTok a-t-il permis à la marque française Le Creuset de passionner des millions d'adolescents américains ?

En France, nous connaissons très bien Le Creuset[1] et ses fameuses cocottes en fonte émaillée, symboles d'un passage à l'âge adulte, et à la préparation de petits plats mijotés.

Mais, hors de France, la marque de cocottes était mal connue - voire inconnue. TikTok est venu bouleverser le jeu pour Le Creuset, dernièrement, en créant un engouement et une fascination chez de nombreux adolescents américains.

Le hashtag #lecreuset a généré plus de 123 millions de vues, et une communauté forte et engagée de fans de la marque - dont @ave.abe, qui se présente comme « *The Le Creuset Girl* » - a vu le jour.

Cette présence sociale est, pour Le Creuset, l'assurance de toucher de nouvelles cibles, plus jeunes, plus connectées, plus enclines à prendre la parole en son nom et à devenir ambassadrices de la marque.

Nous pouvons nous demander d'où est partie cette viralité autour de Le Creuset.

---

1 - Site officiel de l'entreprise : www.lecreuset.fr

Deux réponses émergent, et sont à retenir pour la plupart des marques :

- La première est liée à la **puissance de l'algorithme** de TikTok et à la mise en avant du contenu Le Creuset dans les pages « Pour toi ». D'où l'importance de bien comprendre l'algorithme et les codes de la plateforme.
- La seconde tient à la **puissance de la communauté** et du partage de valeurs communes, telles que la durabilité et la maturité perçue. D'où l'importance de prendre le temps de bâtir sa communauté autour de sa marque ou de ses produits, sans chercher les raccourcis, mais en écoutant ses membres et en créant des conversations pertinentes. Par exemple, pour la communauté et la maturité, en jouant avec les codes Le Creuset sur la qualité, les recettes lentes et parfois complexes, on envoie une image de jeune adulte mature, avec des préoccupations plus ancrées dans la réalité, en opposition avec le contenu plus futile, plus « *entertainment* » que peut proposer TikTok.

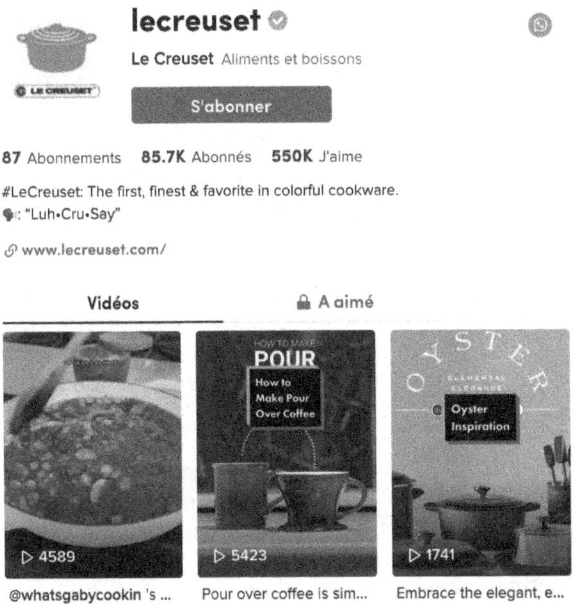

On peut ajouter que les valeurs de l'entreprise Le Creuset sont en accord avec la tendance du #cottagecore, qui a pris de l'ampleur pendant les différents confinements dans le monde - cette envie d'évasion et d'une vie rurale, confortable et paisible, à laquelle la cocotte en fonte qui se transmet de génération en génération fait écho parfaitement.

75

Comment un vieux journal américain – *The Washington Post (WP)* – est-il en train de donner le ton sur TikTok ?

Grâce à quelle formule magique digne d'Harry Potter un journal âgé de 144 ans peut-il atteindre 1 million d'abonnés sur TikTok, et servir de modèle à de nombreux médias à travers le monde ?

La réponse : Dave Jorgenson, *alias* TikTok Guy.

Engagé (en mai 2019) par le journal américain qui a fait tomber Nixon et publié les *Pentagon Papers*, Dave écrit, réalise et joue ses vidéos TikTok qui décryptent, sous un angle décalé et drôle, les actualités du jour.

L'équipe TikTok du *WP* est composée, aujourd'hui, de trois personnes à plein temps.

Dave et son équipe ont pour missions, depuis ces dernières années, d'amener des audiences plus jeunes et plus numériques (la génération Z) vers le *WP*, et de créer des conversations, en présentant l'actualité sous une forme différente et unique.

Et ça fonctionne : ces publics s'abonnent, tant en ligne qu'au format papier. Étonnant, non ?

Avec plus de 10 vidéos par semaine, Dave et son équipe couvrent divers sujets :

- des sérieux (sur les changements climatiques, par exemple),
- et des légers (sur l'actualité, par exemple),
- en passant par la vie du *Washington Post* (par exemple, le recrutement d'une créatrice de contenu pour l'équipe).

Mais toujours avec un ton décalé et humoristique, des sources précises et un respect - voire un usage malin - des codes culturels de TikTok.
Aux journalistes qui l'interrogent sur le retour sur investissement de TikTok pour le *WP*, Dave rappelle les fondamentaux de toute bonne stratégie sociale : « Je me concentre uniquement sur le meilleur contenu possible. Pour l'instant, ça marche ; donc je continue. Encore et encore. J'expérimente, j'échoue, et je recommence. »

Et c'est réellement un modèle à suivre pour tous les médias - voire pour toute entreprise souhaitant se lancer sur TikTok :

- Un engagement fort de la direction générale, et une lettre de mission claire précisant les attentes.
- Un cadre clair sur le temps consacré à la création de contenu, ainsi que sur la tonalité et la liberté d'expression souhaitées.
- Une connaissance fine des codes de la plateforme.

- Une culture de l'expérimentation et de l'acceptation de l'échec.
- Une communauté engagée, que l'on écoute, que l'on consulte, et dont on prend soin.

N'hésitez pas à suivre le *Washington Post* et les vidéos de Dave Jorgenson et son équipe. Ensuite, à vous de jouer !

N.B. L'équivalente anglaise de Dave, pour le média *Vice*, s'appelle Sophia Smith Galer, et elle est GÉNIALE !

76

Et si les petits fruits d'Oasis et leur #PotOasisChallenge apprenaient aux marques à se lancer ?

Oasis, la marque de boissons préférée des jeunes adolescents - et adepte des expérimentations sociales : festival de stand-up sur Snapchat, tournoi de gaming sur Twitch avec plusieurs streamers, Map sur Fortnite, etc. -, ne pouvait absolument pas passer à côté du phénomène TikTok.

Et quoi de mieux, pour rassembler sa communauté et provoquer un engagement fort, que de lancer un challenge ?

Pour avoir un levier d'engagement plus important, Oasis a décidé d'utiliser son partenariat avec TF1 - et plus particulièrement avec l'émission *Koh-Lanta* pour « reprendre la célèbre épreuve des poteaux des *Koh-Lanta* grâce à ses aventuriers d'exception ».

Le 28 mai 2021, via le hashtag #PotOasisChallenge, la communauté devait relever le défi de garder un fruit en équilibre sur la tête pendant 30 secondes.

Si le défi était validé, le joueur était invité à poster sa vidéo sur son compte TikTok, avec le hashtag dédié. Puis, suite à un tirage au sort, un voyage en Guadeloupe pour 4 personnes était à gagner.

En un unique challenge bien relayé et plus de 490 M de vues, Oasis (@oasisbefruit) rassemble plus de 46 K d'abonnés.

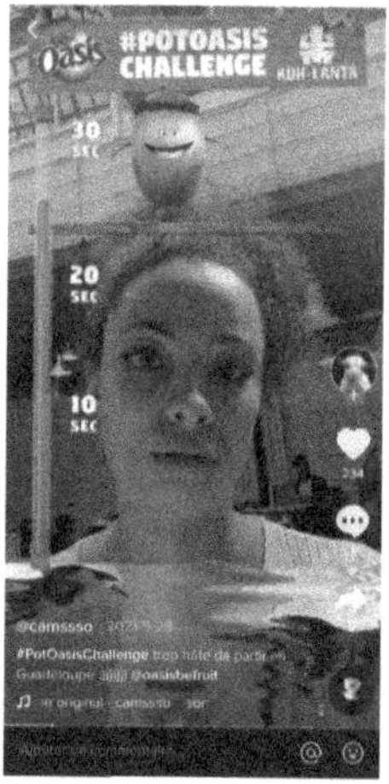

Pourquoi ce challenge, pour lancer sa présence sociale sur TikTok, est-il à reproduire, pour la majorité des marques ?

Parce qu'Oasis maîtrise à merveille les codes d'engagement de communautés, et parce que sa séquence de lancement est pertinente :

- **Une excellente connaissance de sa communauté, des codes et des envies de celle-ci** : pas de contenu, mais un challenge qui crée directement de l'engagement.
- **Un marquage fort, avec de la pop-culture connue de cette communauté** : l'idée du défi *Koh-Lanta* permet, en plus, de croiser les audiences et la communication.
- **Des règles claires et simples pour le challenge** : avec une récompense qui fait rêver, un lien direct avec le produit et, bien sûr, le champ culturel de la marque et des « p'tits fruits ».
- **Un principe communautaire et engageant**, plus que de la publicité ou de l'influence ciblée.

À vous de vous inspirer de cet exemple, et surtout de bien connaître votre communauté afin de lui proposer ce qu'elle désire !

77

Comment Carrefour utilise TikTok pour soutenir les étudiants en situation de précarité ?

Pendant la crise sanitaire, les images à la télévision et sur les réseaux sociaux montrant des files d'attente interminables d'étudiants attendant de recevoir des paniers-repas, ont choqué le pays. En complément des aides des proches, d'associations et de mesures gouvernementales d'urgence, des entreprises se sont mobilisées.

C'est le cas de Carrefour France qui a lancé, fin mars 2021, un grand challenge sur TikTok[1] intitulé #checkducoude. Les clients, les collaborateurs étaient ainsi invités à créer et publier une vidéo sur TikTok, dans laquelle ils effectuaient – seuls ou à plusieurs – un « check du coude ». Pour chaque vidéo publiée sur le réseau social, 1 kg de denrées alimentaires était ainsi donné par Carrefour à l'association HopHopFood, qui assure une aide aux populations les plus démunies, comme les étudiants.

Les centres Carrefour de Gennevilliers, Aulnay-sous-Bois, Saint-Pol-sur-Mer, Bordeaux-Bastide

1 - Communiqué de presse de Carrefour France : www.carrefour.com/fr/actuality/challenge-tik-tok-etudiants-checkducoude

et de nombreux autres magasins de l'enseigne se sont donc embarqués dans ce challenge.

Les vidéos portant le hashtag #checkducoudecarrefour, mises bout à bout, constituent ainsi une chaîne de checks solidaires.

Quel est le bilan de ce challenge ? Il est très positif, puisqu'il a mobilisé plusieurs milliers de personnes. Au-delà des 196,5 millions de vues pour le hashtag du challenge, Carrefour et sa fondation ont pu, ainsi, faire le don de près de 35 tonnes de nourriture à HopHopFood. L'association a assuré la redistribution, notamment sous forme de paniers et de repas chauds dans les campus étudiants, ce qui a permis de soutenir, pendant plusieurs mois, entre 1 800 et 2 000 étudiants.

78

Et si on recrutait sur TikTok ?

Le recrutement grâce aux plateformes sociales est connu depuis plusieurs années. Les professionnels des ressources humaines utilisent LinkedIn, Twitter, Facebook, Instagram et Snapchat dans leur stratégie de marque employeur.

Qu'en est-il de TikTok ?

Au regard des audiences (jeunes et *social-natives*) et des usages primaires, on sait que TikTok sera un atout pour une communication plus légère et moins formelle : une plongée dans les coulisses, une offre d'emploi présentée différemment ou des facettes plus personnelles des collaborateurs.

TikTok étant devenu un espace d'activisme, il est évident que c'est la plateforme la plus pertinente pour afficher sa culture d'entreprise et ses valeurs. Donc, y mettre en avant son engagement écologique, son positionnement en matière d'égalité homme-femme, ou ses engagements contre le racisme est une preuve de compréhension des combats modernes et de volonté de faire partie de ce monde qui change – ce qui valorise sa marque employeur.

Mais là où TikTok se démarque encore des autres plateformes, c'est, de nouveau, par son taux d'engagement. Pour les entreprises dans une stratégie d'attraction ou de reconnaissance de marque employeur, c'est une réelle opportunité.

La SNCF – qui traite, chaque année, 230 000 candidatures, et qui avait prévu d'embaucher plus de 2 500 personnes en 2021 – a utilisé une stratégie d'influence via TikTok pour valoriser ses métiers du rail, avec, comme résultats, plus d'1,5 million de vues, un taux d'engagement de 37 %, de nombreux commentaires positifs, et une augmentation du trafic vers leur site d'emploi.

La Rosée, pour recruter un candidat en alternance, a décidé de créer une vidéo décalée, dans laquelle la directrice de communication et la responsable digitale dansent, le tout accompagné d'une légende, « Pour postuler, envoyez-nous un TikTok trop ouf qui nous donne envie de vous embaucher tout de suite ! », et des bons hashtags. Ce fut le jackpot : plus de 175 000 vues, 200 CV reçus, et tout autant de vidéos pour qualifier de manière bien plus efficace les candidats.

79

TikTok Shopping, c'est quoi ?

Avant août 2021, les ventes de produits sur TikTok se faisaient de manière classique : des influenceurs en parlaient, et les abonnés se ruaient sur des sites d'e-commerce ou, au mieux, dans leurs proches magasins.

Mais le partenariat entre Shopify et TikTok a changé la donne, faisant émerger une nouvelle expérience de shopping : TikTok Shopping, qui permet donc des achats *in-app* et une mise en avant des produits bien mieux pensée et plus efficace.

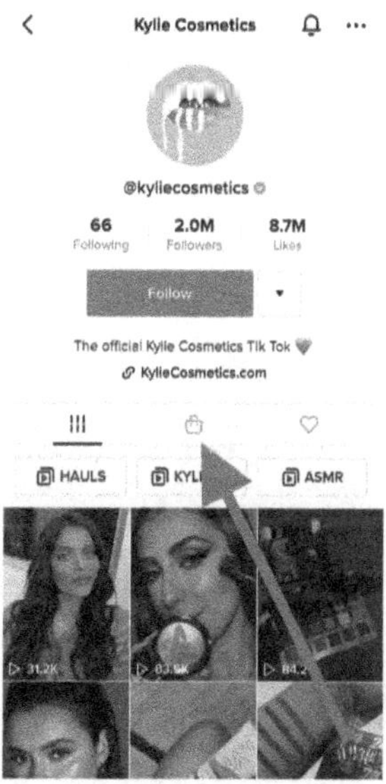

TikTok permet, ainsi, de positionner un onglet « Shopping » sur un profil.

Cet onglet permet de mettre en avant les produits du catalogue Shopify d'un créateur ou d'une marque, sans sortir de TikTok, et en facilitant la possibilité d'achat immédiat.

Des tags et des liens dédiés complètent le dispositif.

Pour le moment, TikTok Shopping est seulement disponible pour les commerçants Shopify possédant un compte TikTok Business.

Trois conseils pour se lancer sur TikTok Shopping :

1. **Optimisez votre catalogue pour TikTok**, en vous concentrant sur la qualité et le style de vos photos ainsi que sur la description de vos produits et les mots-clés.
2. **Assurez la promotion de votre « shop » via des vidéos sur TikTok** : des duos, des challenges, et autres tendances du moment.
3. **Soyez créatif dans la mise en scène de votre marque et de vos produits.** N'oubliez pas que ce sont la créativité, l'impact divertissement et la pertinence de votre contenu qui feront réagir l'algorithme et vous permettront d'être positionné dans les pages « Pour toi » des utilisateurs.

80

Peut-on utiliser TikTok pour des communications professionnelles ou B2B ?

Aujourd'hui, les marques actives sur TikTok ont majoritairement une approche B2C (« Business to Consumer », pour des produits ou services ciblant le grand public). L'approche B2B (« Business to Business », soit des entreprises qui ciblent d'autres entreprises) peut paraître, en effet, moins évidente sur TikTok.

Pourtant, des sociétés ciblant d'autres sociétés ont fait le pari de se lancer sur la plateforme, en utilisant plusieurs dispositifs.

Le live et l'événementiel

En Chine, des entreprises industrielles chinoises déjà bien établies sur ce réseau social vendent, aujourd'hui, leurs produits (roulements à billes, chariots, composants électroniques) à d'autres sociétés à travers des *livestreams* et autres vidéos pédagogiques.

En juin 2020, un salon industriel chinois a privilégié TikTok comme canal de communication pour générer un chiffre d'affaires d'environ 46 millions d'euros en seulement trois jours[1] !

---

1 - Source : article sur le blog de Digimind, Christophe Asselin,« [Tendances 2021] TikTok & B2B : expérimentation obligatoire en 2021 ! », 3 mai 2021.

La génération de lead

À partir de vidéos TikTok, les marques encouragent les utilisateurs à lire, par exemple, leur dernier article sur le blog de l'entreprise. De là, elles invitent ces utilisateurs, devenus prospects, à s'inscrire à leur *mailing list* ou à compléter un formulaire pour l'un de leurs produits ou services spécifiques.

Plus près de chez nous, au Royaume-Uni, des initiatives B2B se distinguent aussi.

Les challenges

Sage, l'éditeur de logiciels[2] pour entreprises, a ainsi créé le challenge intitulé #Bossit2021, avec, à la clé, 5 000 livres sterling de mobilier de bureau pour la maison[3]. Le challenge invitait les petites et moyennes entreprises à partager sur TikTok leurs réussites (comme des « boss ») de l'année 2021.

Lancer une campagne comme celle-ci peut contribuer à accroître la notoriété de votre marque, mais aussi celle des autres entreprises participant au challenge. Dans les deux cas, cela fait connaître votre nom et encourage les utilisateurs B2B à vouloir en savoir plus sur vous.

Le marketing B2B a la réputation d'être « ennuyeux » et peu évolutif. TikTok pourrait changer cette vision, en incitant les annonceurs à proposer de nouvelles approches misant sur davantage de proximité et de modernité.

---

2 - Site officiel de la société Sage : www.sage.com/fr

3 - Article de blog de Sage, à propos des résultats du challenge : « *#Bossit2021 on TikTok - you smashed it!* », 3 mars 2021.

Je suis une personnalité politique sur TikTok

81

Pourquoi faire de la politique sur TikTok ?

Il ne peut pas y avoir de snobisme, en matière de communication.
– Gabriel Attal[1], 10 mars 2021

Comment mieux parler à ses électeurs, voire à ses futurs électeurs ? Comment donner envie aux plus jeunes de s'intéresser au débat politique, voire de s'engager ?

Voilà des questions récurrentes, en politique.

TikTok, originellement éloigné de toute ambition activiste ou politique, est en passe de devenir un nouveau vecteur de diffusion et de mobilisation pour cette jeune génération.

Les premières traces politiques ou activistes sur TikTok ont été observées, en 2019, au Royaume-Uni et aux États-Unis. C'est surtout le mouvement Black Lives Matter[2] et l'élection présidentielle américaine qui ont accéléré ces usages, faisant de TikTok une tribune politique pour partager les informations et défendre des candidats.

---

1 - Nommé porte-parole du gouvernement français, le 6 juillet 2020.

2 - Le mouvement a été relayé très activement sur TikTok, via des prises de parole, la couverture médiatique, le détournement de chorégraphies, les mèmes politiques viraux et des pétitions.

En France, le phénomène se développe avec, en juillet 2020, les arrivées (remarquées) d'Emmanuel Macron et de Jean-Luc Mélenchon.

Les hommes politiques belges ont saisi, plus tôt, le potentiel de TikTok. Tom Van Grieken, président du parti nationaliste Vlaams Belang, a publié sa première vidéo en janvier 2020. Tout comme Elio Di Rupo, président du gouvernement wallon et ancien Premier ministre du pays, qui préfère les vidéos bien réalisées aux challenges de danse.

Le président du Venezuela, Nicolas Maduro, ou encore Andrzej Duba, le président polonais, ont également créé des comptes. Mais seul Matteo Salvini, le leader d'extrême droite italien, utilise activement la plateforme et a l'air d'en comprendre les codes. Résultat : son compte est suivi par plus de 388 000 abonnés.

Les fonctionnalités intrinsèques de TikTok facilitent en fait l'activisme - principalement, grâce au format court et au ton percutant, car les idées doivent être présentées directement, et au POV (*point of view*) qui accentue le ressort émotionnel, en plaçant le créateur au centre de l'attention. Le tout, bien entendu, en gardant en tête les codes préexistants sur TikTok, dont l'humour. Reste que celui-ci peut être à double tranchant : Jean-Luc Mélenchon en a fait les frais avec sa reprise d'*Anissa*, de Wejdene[3].

On voit même la création et le développement de « hype houses » politiques sur des bases identiques à celles de la Hype House76 de TikTok[4].

---

3 - « Mais moi je m'appelle Mélenchon. Tu hors de ma vue ! Va voir ton Parcoursup. »

4 - Collectif d'influenceurs TikTokeurs, sur un modèle américain.

82

Et si on voyait émerger une nouvelle forme d'influence politique sur TikTok ?

Lorsque les jeunes ne s'intéressent pas à la politique, quel moyen utiliser pour les sensibiliser ?

Andrea Borello a fait le pari de TikTok[1]. Ce jeune étudiant italien, de Sciences Po Bordeaux, offre une explication simple et claire de l'actualité politique mondiale. Son compte, @andreaborello, comptabilise à ce jour plus de 174,4 K d'abonnés et 2,2 M de likes.

Andrea Borello se présente comme un « influenceur politique », un « politikeur » (contraction de « politique » et « TikTokeur »).

Son but : atteindre un public jeune, parfois en décalage avec l'actualité, et lui offrir des clés de lecture du monde qui l'entoure.

Andrea Borello cherche, sur TikTok, à amener la politique vers les jeunes. Pourtant, la plateforme est connue pour ses contenus majoritairement plus divertissants que sérieux.

Capter l'attention d'un public qui se désintéresse du sujet n'est pas aisé - surtout lorsque changer de vidéo passe par un simple swipe.

---

1 - « L'idée ne venait pas de soi ; c'est mon petit frère de seize ans qui m'a proposé d'utiliser TikTok. Et puis ça a commencé à bien fonctionner, donc je me suis pris au jeu », Andrea Borello.

Andrea Borello utilise pour cela les codes de TikTok : vidéos courtes et créatives pour expliquer l'essentiel.

Car, il l'a bien compris, c'est l'essentiel qu'il faut transmettre sur la plateforme.

Ainsi, alors que politologues et journalistes débattaient, sur les plateaux italiens de télévision, du fait que Mario Draghi succédait à Giuseppe Conte[2], le TikTokeur, lui, expliquait la situation aux jeunes en 60 secondes.

Des vidéos comme « 5 faits que vous avez peut-être manqués » aident aussi les jeunes à se tenir informés lorsqu'ils n'en ont pas le réflexe ou le temps.

En expliquant ainsi la politique italienne et mondiale, Andrea Borello cherche, *in fine*, à amener les jeunes à être capables de voter consciemment.

2 - Le 26 janvier 2021, Giuseppe Conte, alors à la tête du Conseil des ministres, est contraint de démissionner après l'éclatement de sa coalition avec le parti Italia Viva. Le 2 février, Mario Draghi est appelé par le président de la République à former un nouveau gouvernement. Il prend ses fonctions le 12 février.

83

Que fait le président français Emmanuel Macron sur TikTok ?

« Si vous venez d'avoir votre bac, ce message est pour vous ! »

Le 7 juillet 2020, Emmanuel Macron lance son compte TikTok et s'adresse aux jeunes bacheliers. Le ton est donné : sur cette plateforme, c'est aux jeunes que le président veut parler. Seules les vidéos les concernant sont relayées sur TikTok. À travers ses vidéos, Emmanuel Macron s'adresse aux jeunes pour les informer, mais aussi pour les inciter à l'action. L'action pour le climat, l'action pour l'Europe… Mais le sujet le plus abordé reste la pandémie de covid-19. Ce sont, d'ailleurs, les vidéos sur le vaccin qui ont fait le plus parler du compte TikTok du président.

Emmanuel Macron, alors en vacances, publie, le 2 août 2020, une vidéo en mode selfie, et surtout en T-shirt. Il fait un véritable coup de com' pour toucher sa cible. La vidéo est vue 12,8 M de fois et devient virale – elle est relayée par des milliers d'internautes sur Twitter, Instagram, Facebook… jusque dans les grands médias. En 12 vidéos, le président répondra aux interrogations des jeunes sur le vaccin, avec sérieux comme avec humour. C'est d'ailleurs la vidéo répondant au commentaire « Est-ce qu'on peut se transformer en titan avec le vaccin ? » qui comptabilise le plus de likes (1,4 M). Emmanuel Macron a su utiliser les codes de TikTok et faire passer l'essentiel de ses messages aux jeunes, parfois en seulement « 30 secondes de votre temps ».

Aujourd'hui, la prise de parole du président couvre d'autres sujets qui préoccupent particulièrement les jeunes, et sont encore trop souvent considérés comme tabous. C'est le cas, par exemple, du harcèlement ou de l'endométriose.

Harcèlement

Endométriose, témoignages

Endométriose

Le président comptabilise, à ce jour[1], 18,9 M de likes sur ses vidéos, et possède 2,8 M d'abonnés.

Preuve qu'il a su toucher une partie de son public.

1 - Au 24 février 2022.

84

Comment Donald Trump a-t-il subi un fiasco politique à Tulsa, organisé sur TikTok ?

Des tickets gratuits, des TikTokeurs engagés et un peu de viralité, voilà les ingrédients pour faire d'un meeting politique un fiasco.

Le samedi 20 juin 2020, Donald Trump donne son premier meeting électoral depuis trois mois à Tulsa, Oklahoma. Celui-ci fait polémique : Tulsa est une ville marquée par l'un des pires massacres raciaux aux États-Unis, mené par des suprémacistes blancs[1].

Que Trump vienne y faire son premier meeting ne passe pas, notamment auprès de la génération Z. Les jeunes TikTokeurs ont vite fait d'imaginer comment le ridiculiser : en faisant en sorte que le président-candidat, showman invétéré, se retrouve devant une salle vide. En effet, sur le site Web de campagne les tickets sont gratuits et facilement mis à disposition.

La règle : premier arrivé, premier servi. Les TikTokeurs appellent très vite leurs communautés à réserver des tickets pour… ne pas y aller.

1 - Le « massacre de Tulsa » est une émeute raciale qui s'est déroulée en 1921 dans les quartiers afro-américains de la ville. Une foule d'Américains blancs, majoritairement suprémacistes, s'attaque à la communauté afro-américaine. À l'époque, on fait état de 45 morts, dont 36 Afro-Américains. On évalue, aujourd'hui, ce bilan à près de 300.

Le but est de laisser les sièges vides. Très vite, le phénomène devient un trend : les TikTokeurs sont invités à se filmer dansant la *Macarena* devant la capture d'écran de leur réservation. Les fans de K-pop, eux aussi très soudés, se joignent au mouvement.

Donald Trump (qui semble ne se douter de rien) annonce, dans un tweet, la veille du meeting, qu'« un million » de tickets ont été réservés.

Mais, surprise pour le président, seuls 6 200 sièges sur les 19 000 prévus à l'intérieur sont occupés. Les journalistes relaient les photos du stade quasiment vide[2], et d'un Donald Trump abattu.

Dès le lendemain, les TikTokeurs célèbrent leur victoire, et Alexandria Ocasio-Cortez[3] tweete : *« You just got rocked by teens on TikTok[4]. »*

L'opération est un succès.

2 - Article du journal *Libération* : Isabelle Hanne, « Meeting de Tulsa : Trump taclé par TikTok », 21 juin 2020.

3 - Alexandria Ocasio-Cortez est une représentante démocrate dans l'État de New York. Se réclamant du socialisme démocratique, elle se positionne en contradiction avec les idées de Donald Trump.

4 - « Tu t'es fait rouler par des ados sur TikTok. »

85

Comment TikTok s'invite t-il dans l'élection présidentielle de 2022 ?

Emmanuel Macron, Jean-Luc Mélenchon, Éric Zemmour et Marine Le Pen. Qu'ont-ils en commun ?

D'avoir ouvert, chacun, leur compte TikTok pour s'adresser aux jeunes Français.

À l'approche de l'élection présidentielle de 2022, la plateforme est devenue un tremplin pour toucher et attirer de nouveaux électeurs. Contenus courts et percutants, humour et choix de la proximité – tels sont les codes de TikTok pour toucher les jeunes.

Ainsi, la vidéo humoristique de Jean-Luc Mélenchon buvant un lait fraise pour préparer son débat avec Éric Zemmour fait plus de 7,4 M de vues.

Éric Zemmour, lui, publie une vidéo d'un strike au bowling : 6,1 M de vues.

Car ce sont aussi les dessous de la campagne qui sont montrés, et qui intéressent, à travers ces comptes. Le jeu de la proximité se fait par les images, par les références culturelles ; et les musiques sont un instrument de communication. Elles permettent de faire passer un message, à l'exemple de Jean-Luc Mélenchon, qui montre dans sa vidéo du 11 septembre 2021 des images de Macron sur la musique de *Père Castor*[1]. À ces comptes officiels s'ajoutent les comptes militants. Les jeunes créent leur compte de soutien ou s'expriment sur leur propre profil. D'autres, au contraire, détournent des vidéos ou audios pour exprimer leur opinion avec humour.

Les politiques se sont donc pliés aux codes de la plateforme afin de toucher les jeunes. Cependant, l'algorithme ne permet pas aux utilisateurs d'avoir un contenu varié, balayant le spectre politique : le système des « Pour toi », propulsant du contenu similaire au précédent, a pour risque d'enfermer l'utilisateur dans une certaine opinion. TikTok ne saurait se substituer à une recherche active et éclairée.

1 - « Père Castor, raconte-nous une histoire. » Le générique du dessin animé est utilisé par les internautes pour dénoncer un mensonge.

Je suis un artiste sur TikTok

86

Comment les artistes et les entreprises utilisent-ils les TikTok Live ?

Les TikTok Live sont des opportunités uniques de se connecter avec ses audiences en temps réel et d'obtenir un engagement solide et durable au travers des commentaires, des questions et des réactions - que ce soit pour des artistes avec leurs fans, ou pour des marques désireuses de mieux connaître les envies de leurs communautés, ainsi que leurs retours sur des produits.

Les TikTok Live sont une façon de récompenser les fans de leurs attentes d'expériences immersives (sans qu'ils déboursent un centime), tout en s'engageant pour une cause qui parle à ces mêmes fans. Voici donc pourquoi Coldplay s'est engagé pour le Red Nose Day, en 2021.

Nous aimerions que vous nous rejoigniez
pour notre tout premier
concert sur TikTok, le lundi 24 mai.
Le Red Nose Day
fait des choses incroyables
dans le monde entier pour assurer
la sécurité, la santé, l'éducation
et l'autonomie des enfants.
Nous sommes vraiment
heureux de pouvoir soutenir
leur travail avec cette performance.
– Chris Martin,
leader du groupe Coldplay

Coldplay est donc l'un des premiers groupes à jouer avec les TikTok Live, et particulièrement avec une levée de fonds participative pour une association. Ce qui est cohérent avec les valeurs défendues par le groupe.

En plus des quatre chansons performées, Coldplay a montré les coulisses de leur prestation, pour proposer une expérience particulière à leur audience.

Dans un tout autre registre, le rappeur français Niska a ambiancé TikTok avec un concert live et un concept fou – et il faut bien reconnaître que les rappeurs français savent très bien utiliser toutes les possibilités que leur offre TikTok ! Niska a donc été plus loin en donnant un concert live sur la plateforme : il ne s'est pas contenté de performer ses meilleurs morceaux dans un studio, il a changé plusieurs fois de look et d'endroit pour donner des ambiances différentes à chacun de ses titres. Il a même joué avec les coulisses du concert, en montrant ses retouches maquillage en live. Près de 50 000 spectateurs étaient présents pour regarder ce live. Ce fut une vraie prouesse, à la fois artistique et technique.

On peut, bien entendu, citer d'autres organisations et entreprises qui ont su capter l'impact majeur des TikTok Live : Netflix, pour assurer la promotion de certains de ses films originaux (*The Kissing Booth 3*) ; l'Aquarium du Pacifique, qui organise des *lives* toutes les semaines pour montrer le quotidien des animaux et les coulisses des spectacles aquatiques ; ou encore les entreprises de cosmétiques telles que e.l.f., Too Faced, Milk

Makeup ou Fenty Beauty[1], qui sont des exemples à suivre, par leur maîtrise de la plateforme et des expériences live.

1 - Sur TikTok : @elfcosmetics ; @toofaced ; @milkmakeup ; @fentybeauty

87

Comment MC Solaar a réussi à retrouver ses fans et à conquérir un nouveau public grâce à TikTok ?

« L'as de trèfle qui pique ton cœur, Caroline[1]... »

Pour les enfants des années 1980, MC Solaar reste le premier rappeur, précurseur du hip-hop en France, dont ils répétaient les textes (*Bouge de là*, en 1990 ; *Caroline*, en 1991 ; *Prose combat*, en 1994), dont ils regardaient la marionnette dans *Les Minikeums*, et dont ils suivaient la relation avec Ophélie Winter.

Alors, quand TikTok décide, en juillet 2021, de célébrer ce géant du rap-game français, tous les enfants des années 1980 disent OUI et se lancent sur TikTok pour y suivre ses premiers pas !

Mais quelle stratégie a été mise en place et peut être dupliquée pour d'autres artistes ?

1. La majorité des tubes de MC Solaar sont intégrés à la bibliothèque musicale de TikTok ; ce qui permet aux fans de créer des vidéos incluant ses plus grands hits.

   Et, poussés par l'algorithme, ces sons sont partagés, repris dans d'autres vidéos et « streamés » sur Spotify ou d'autres plateformes musicales : c'est l'assurance d'un pic d'écoute.

1 - https://vm.tiktok.com/ZM8EANB31/

2. MC Solaar invite la communauté TikTok à relever le challenge #BougeDeLa, qui est assez simple. Il suffit de créer une vidéo sur le son *Bouge de là*, en intégrant cette *punchline* à une situation de la vie de tous les jours.

   C'est la base de TikTok : la création de « fun » et de viralité autour de challenges fédérateurs. Une mécanique simple et une communauté prête à jouer le jeu sont les ingrédients d'un cocktail magique et détonant.

   @aernocta @laura_rcn

3. Dernier usage de TikTok pour MC Solaar, les *lives* TikTok pour rencontrer ses fans, pour les engager en temps réel sur des événements, pour créer des échanges et permettre une proximité forte entre l'artiste et ses publics.

   Donc, oui, retrouver MC Solaar sur TikTok est un réel plaisir, mais, au-delà de la « fan attitude », il y a une stratégie solide de conquête de visibilité auprès de communautés qui ne le connaissent pas et de réactivation de communautés nostalgiques. Quoi de mieux que de le faire sur une plateforme dont l'algorithme récompense la créativité, le défi et la modernité ?

88

Comment un groupe de K-pop joue-t-il avec l'engagement de ses fans sur TikTok ?

Boys band sud-coréen[1], BTS[2] a su s'imposer sur la scène internationale et mobiliser ses fans – la BTS Army.

Déjà très suivi sur de nombreux réseaux sociaux, le groupe ouvre son compte TikTok en septembre 2019. Et le succès auprès des fans ne se fait pas attendre : en à peine trois heures, et avec seulement deux vidéos, BTS possède déjà plus d'un million d'abonnés.

La capacité du boys band à toucher son public est d'autant plus forte que de nombreux internautes déclarent n'avoir ouvert un compte TikTok que pour suivre les vidéos du groupe.

La stratégie de BTS est simple : offrir des contenus originaux et exclusifs sur la plateforme.

Ainsi, le 20 février 2020, le groupe dévoile le teaser de son nouvel album en exclusivité sur TikTok.

BTS soigne également sa relation avec ses fans en likant leurs contenus les concernant.

---

1 - Composé de sept membres : Jungkook, Jimin, RM, Suga, J-Hope, Jin et V.

2 - 44,9 M followers / 728,1 M likes.

De nombreux comptes de fan bases se sont, d'ailleurs, constitués et relaient tout le contenu vidéo concernant le groupe.

Il faut souligner que les musiques et danses du boys band sont particulièrement en phase avec le principe de TikTok.

BTS met à disposition ses sons pour permettre aux utilisateurs de les reprendre, et publie des vidéos de ses chorégraphies.

Cela crée rapidement des trends. L'un d'eux, devenu viral auprès des fans et non-fans, a été la reprise de pas de danse de Jin montés sur la musique de *Jalebi Baby*, de Tesher[3].

Les hashtags des chansons ou des membres du groupe sont également largement repris. Le hashtag #Jungkook est devenu, en mars 2021, le hashtag individuel le plus célèbre sur la plate-forme, avec 40 milliards de vues, et a atteint les 91 milliards en décembre. Encore le signe d'un très fort engagement des fans.

3 - Un internaute, @narastarling, a publié en novembre 2021 une vidéo de pas de danse de Jin datant de 2014, sur le titre *Boys in Luv*, avec, en montage audio, la musique *Jalebi Baby*, de Tesher. La vidéo originale a fait plus de 13,9 M de vues et 2,5 M de likes, et la tendance a généré rapidement plusieurs centaines de milliers de vidéos.

Je suis un établissement public sur TikTok

89

Comment TikTok permet-il d'attirer de nouveaux publics dans les musées ?

Chez TikTok, nous sommes fiers d'être un endroit où les musées et les galeries peuvent ouvrir leurs portes digitalement et se connecter à leurs publics à travers le monde.
- Normanno Pisani,
Head of Partnerships, TikTok

Combien de temps avez-vous passé dans un musée, ces deux dernières années ?

Peu, probablement. Et pour cause, la fréquentation des 100 plus grands musées du monde a chuté de plus de 77 %[1].

Comment les musées peuvent-ils alors accélérer l'engagement de leurs publics, malgré des portes fermées ? Les plateformes sociales - et particulièrement TikTok - sont l'une des clés de cet engagement, en ce qu'elles permettent aux musées de se connecter à des audiences qui ne sont même pas certaines d'aimer les musées.

À titre d'exemple, en seulement 48 heures, plus de 80 000 personnes ont vu la vidéo TikTok de l'artiste Roxy Rose, qui, à ce jour, a plus de 1,6 million de vues ; ce qui en fait la vidéo la plus vue du Museum of Neon Art - un petit

1 - Source : Léa Carrier, « Chute de 77% de la fréquentation dans les musées en 2020 », *La Presse*, 30 mars 2021.

musée de Californie – qui, en une année, n'arrive pas à attirer autant de visiteurs en ses murs.

Les hashtags comme #FineArt, #ArtHistory et #ArtonTikTik enregistrent plus de 2 milliards de vues mensuelles, et on parle de 3 000 % de croissance en un an. Le hashtag #Museum, à lui seul, bénéficie d'une croissance de 200 % depuis mai 2020.

De nombreux musées se sont lancés sur TikTok afin d'accroître leur notoriété et leur visibilité. À l'occasion de l'International Museum Day (le 18 mai), la plateforme lance le hashtag #MuseumMoment, et dévoile un partenariat avec 23 institutions culturelles à travers le monde, telles que la National Gallery de Singapour ou le Rijksmuseum à Amsterdam.

En France, le château de Versailles et son filtre Versailles Run[2], en réalité augmentée, qui transforme chaque visiteur en Marie-Antoinette, a fait un carton[3].

En Australie, à Sydney, le musée Madame Tussauds a mis en place des challenges TikTok. Il en lance régulièrement de nouveaux, afin de fédérer sa communauté, de créer de l'engagement et d'augmenter son rayonnement.

Aux USA, le Akron Art Museum a nommé Seema Rao « Chief Experience Officer[4] », pour mettre en place sa stratégie digitale, basée principalement

---

2 - Une référence à Marie-Antoinette fuyant le château durant la Révolution.

3 - Plus de 104 000 vidéos créées.

4 - https://www.linkedin.com/in/raoseema/

sur TikTok ; avec une attention particulière sur les vidéos en format Duo – qui permettent de développer une créativité sans limite, de décider qui est le plus attirant entre Seema et Picasso, Salvador Dalí et Andy Warhol, ou bien d'échanger avec un artiste daltonien.

90

Comment Pôle emploi s'est-il allié à TikTok pour accompagner les demandeurs d'emploi ?

Souhaitant renforcer son image auprès des jeunes (16-30 ans), et les aider dans leur parcours professionnel, Pôle emploi s'est rapproché de TikTok. Le partenariat, intitulé #MissionEmploi, a pris la forme d'un espace dédié à l'emploi et à la formation, accessible depuis l'application TikTok.

Lancée lors de la Semaine de l'emploi, le 4 juin 2021, #MissionEmploi prend la forme de vidéos officielles diffusées par Pôle emploi et ses partenaires. Pour être conforme aux codes de la plateforme, le format des contenus a été adapté : très bref (40 secondes, en moyenne), bande-son énergique, effets graphiques. Plusieurs jeunes conseillers de l'opérateur public - Alexis, Camille, Erico ou Bouchra - prennent ainsi la parole pour distiller de nombreux conseils et astuces : « Les cinq secteurs qui recrutent le plus », « Quatre tips pour négocier son salaire », « Comment organiser sa recherche d'emploi pendant ses vacances ? », etc.

Des liens vers des dispositifs gratuits de recherche d'emploi et de formation professionnelle sont aussi proposés : l'Emploi Store de Pôle emploi[1], l'INCO Academy[2], MaVoie.org[3] et Bob[4].

Éric Garandeau, directeur des relations institutionnelles et affaires publiques de TikTok France précise : « Avec #MissionEmploi, notre ambition est de mettre au profit d'une problématique importante – l'emploi – toute la puissance et l'unicité de notre plateforme. Ainsi, en partenariat avec Pôle emploi, nous apportons un soutien à nos utilisateurs, et notamment les jeunes, en leur donnant accès à des ressources concrètes et fiables, pour les aider dans leurs démarches d'emploi et d'apprentissage. »

Les vidéos sont toujours accessibles sur TikTok, via le compte officiel @onestlapourvous.

1 - Emploi Store de Pôle emploi : site Web appartenant à Pôle emploi et référençant les sites et applications dédiés à l'emploi, https://www.emploi-store.fr/portail/accueil#

2 - INCO Academy forme et accompagne vers l'emploi tous ceux qui veulent travailler dans l'économie de demain, en particulier les individus fragilisés et les plus éloignés de l'emploi, https://www.academy.inco-group.co/

3 - MaVoie.org est un diagnostic personnalisé répondant au besoin d'orientation des jeunes, https://mavoie.org/accueil

4 - Bob est un ensemble d'outils en ligne de diagnostic, de stratégie et de coaching pour accompagner les personnes dans leur recherche d'emploi, https://www.bob-emploi.fr/

91

Comment les universités attirent-elles de nouveaux étudiants grâce à TikTok ?

Pour séduire les futurs étudiants, en plus des dispositifs traditionnels et des autres réseaux sociaux, certaines universités ont intégré TikTok dans leur stratégie de communication.

L'objectif est d'offrir de nouveaux types de contenus et une nouvelle expérience de découverte de l'établissement.

Cela passe par des vidéos de visites de campus ou des journées portes ouvertes, comme le fait le Groupe ISC Paris. Grâce au travail d'édition via des coupes, transitions et effets, les visites des salles de cours, bibliothèques et espaces sportifs prennent une nouvelle dimension.

L'université de Floride publiait déjà en mai 2020 des vidéos *« 15 seconds Campus Tour »* où l'on découvrait, en accéléré, l'étendue du campus.

La cérémonie de remise des diplômes – *« graduation day »* – est aussi un moment clé dans la vie universitaire. C'est l'occasion pour des établissements comme l'université du Québec à Montréal (UQAM) de recourir à TikTok pour couvrir l'événement, et faire des portraits de diplômés.

C'est également l'occasion de créer ou suivre des challenges et de se hisser dans les tendances (#TikTokGraduation) pour être davantage vu. C'est le cas de l'université de Limerick, en Irlande, qui a surfé sur le challenge de danse intitulé #handcalpchallenge.

Les universités créent d'autres contenus sur TikTok en s'appuyant, par exemple, sur le témoignage d'étudiants proposant des conseils pour intégrer l'établissement, des astuces pour organiser ses journées, préparer ses examens, etc.

L'enjeu est de se démarquer, de créer un nouveau lien de proximité avec cette audience plus jeune, et de l'aider à se projeter dans sa future vie étudiante.

92

Les ONG, associations, et organisations internationales peuvent-elles s'appuyer sur TikTok pour promouvoir leur activité et inciter à la solidarité ?

Les organisations non gouvernementales (ONG), les associations et les organisations internationales sont toujours à l'écoute de nouvelles solutions pour toucher le grand public et l'inciter à agir en faveur des causes qu'elles défendent : droits de l'homme, recherche contre les maladies, préservation de l'environnement, etc.

Le réseau social TikTok constitue pour ces entités un nouvel espace, qui leur permet de s'adresser plus directement à une cible plus jeune (16-24 ans), et de lui proposer une expérience solidaire différente de celle des autres plateformes.

Déjà en décembre 2019, le Haut-Commissariat pour les réfugiés[1] (HCR) – qui est une branche de l'ONU – a lancé un compte TikTok (@refugees) et un challenge avec le hashtag #ChacunCompte. Tout utilisateur pouvait poster une vidéo en solo ou en duo racontant ses rêves d'enfance. L'objectif, pour le

1 - Communiqué de presse du HCR : https://www.unhcr.org/fr/news/stories/2019/12/5df14458a/rejoignez-defi-tiktok-prouvez-chacuncompte.html

HCR, était d'encourager la communauté TikTok à consulter le compte et à prendre conscience de la situation des réfugiés du monde entier.

Pour faciliter l'acte de solidarité, la plateforme sociale a intégré, en 2020, la fonctionnalité permettant de faire des dons. Grâce à un sticker « Donation » pouvant être ajouté sur une vidéo ou dans un live, les utilisateurs de TikTok peuvent procéder à un don à l'ONG préalablement choisie par le créateur de la vidéo ou du live.

Les ONG peuvent aussi ajouter, dans leur profil, en plus du lien Web, un lien complémentaire pour effectuer un don.

Enfin, la publication régulière, le choix des hashtags, les partenariats bien choisis avec des influenceurs sont autant de leviers pertinents à activer pour réussir sa présence et ses campagnes de sensibilisation.

TikTok, une plateforme insolite

93

Comment TikTok utilise la réalité augmentée ?

La plateforme a créé la surprise, en décembre 2020, à l'occasion du passage à la nouvelle année. TikTok a ainsi dévoilé, pour la première fois, un filtre en réalité augmentée (RA).

Celui-ci faisait apparaître sur le plafond de l'utilisateur une boule à facettes, qui générait le décompte jusqu'à la nouvelle année, agrémentée de ballons gonflables en forme de chiffres. De l'explosion de la boule à facettes jaillissait une pluie de confettis dorés qui se déposaient parfaitement sur l'utilisateur, le canapé et le sol.

En août 2021, TikTok a lancé, en version bêta, une plateforme appelée TikTok Effect Studio, permettant aux développeurs de créer des effets de réalité augmentée. Toute personne intéressée peut ainsi se rendre sur le site TikTok spécifique[1], et compléter le formulaire comprenant plusieurs questions relatives à sa plateforme de choix et son niveau d'expérience dans la technologie de réalité augmentée.

1 - https://effecthouse.tiktok.com/sign-up/

L'objectif des filtres en RA est de proposer une variété de nouvelles expériences interactives. Nous pouvons, par exemple, envisager les usages suivants :

- **Filtre visage** : pour embellir ou transformer votre visage, grâce à des effets de lisseur, de maquillage, de redimensionnement de la bouche, du nez ou des yeux.
- **Filtre produit** : pour mettre en avant l'un de vos produits, en taille réduite ou taille réelle, en situation d'utilisation dans l'environnement de l'utilisateur, ou ailleurs.
- **Filtre jeux concours** : pour embarquer de façon ludique vos communautés d'utilisateurs, faire gagner des récompenses et renforcer l'attachement à votre marque.

Sur la question des tarifs, tout dépendra de la complexité du filtre (niveau d'interaction, nombre d'éléments, etc.). Des agences spécialisées vous proposeront probablement une prestation à partir de 1 000 euros HT pour de la 2D, et à partir de 1 500 euros HT pour de la 3D.

94

Comment apprendre les langues étrangères sur TikTok ?

Vous gardez des souvenirs médusés de « *Where is Brian? Brian is in the kitchen* » ? Vous souhaitez acquérir le vocabulaire courant pour votre prochain voyage au Japon ou au Brésil ?

Peut-être devriez-vous envisager une approche plus ludique et pratique d'apprentissage des langues étrangères, via TikTok.

Le format de TikTok est, en effet, propice à cet apprentissage. Grâce aux vidéos de *micro-learning*, vous pouvez apprendre ce que vous voulez, quand vous le voulez.

De plus, des fonctionnalités de la plateforme telles que les vidéos Duo sont très efficaces pour s'entraîner aux conversations et à la bonne prononciation accentuée.

Les vidéos sur TikTok sont souvent multilangues. C'est donc devenu une plateforme de ressources apprenantes et ludiques, où l'on peut entendre des accents natifs, des expressions locales et, bien sûr, des points de vocabulaire, en tout genre.

Voici quelques exemples de comptes pour apprendre des langues étrangères :

Anglais

Japonais

Espagnol

Avec une marionnette

Chinois

Arabe

Pour vous amuser un peu avec le français ou l'anglais, vous pouvez suivre Loïc (@loicsuberville), qui tourne en dérision les spécificités linguistiques. Sa vidéo sur l'usage du « Œ » en français est hilarante.

Pour découvrir de façon très ludique comment un même mot se prononce et s'écrit dans les pays du monde, nous vous conseillons le compte @iFluent

Les challenges, la pop culture, l'humour sont autant d'éléments qui font la richesse et l'intérêt addictif de TikTok, et qui vous aideront à progresser dans les langues étrangères.

95

TikTok est-il le nouveau Tripadvisor ?

Tripadvisor, Google, The Fork[1], Michelin… TikTok !

Dans le jeu des sites et applications de recommandations, TikTok commence à trouver sa place. Sur la plateforme, chaque utilisateur peut être critique en postant son expérience. Tout le monde devient un potentiel influenceur et teste pour les autres.

L'avantage que présente TikTok par rapport aux autres sites est de faire vivre une expérience à travers la vidéo.

Dépassant le commentaire ou l'image fixe, la vidéo donne à voir un moment vécu : la dégustation d'un repas, la découverte d'une chambre… L'expérience attire. C'est pourquoi certains lieux (bars, restaurants, hôtels, maisons d'hôtes…) ont ouvert leur propre compte.

Pas seulement le compte d'une marque, mais aussi le compte d'une boutique située. Le but est d'attirer le consommateur sur place, par la démonstration d'une expérience (vidéos des cuisines, quotidien de l'équipe, *room tour*…).

TikTok est aussi, pour les consommateurs, un gain de temps et d'énergie : avec un simple hashtag il devient facile de trouver un lieu, presque spontanément.

---

1 - Anciennement, La Fourchette.

Le swipe permet de trier rapidement, et la vidéo fait gagner du temps (il n'est par exemple plus tellement nécessaire de lire le menu, car nous voyons déjà à quoi ressemblera notre assiette). Il y a avec ces vidéos un apparat d'authenticité et de spontanéité.

L'algorithme met aussi en avant les contenus les plus « likés » - ce qui se rapproche de la notation en nombre d'étoiles. Avec la plateforme, nous ne choisissons donc plus à travers des critiques simples, mais à travers des expériences.

96

Comment l'Église catholique se relance-t-elle sur TikTok ?

Un prêtre qui danse avec ses paroissiens sur *Jerusalema*, de Master KG, un autre qui joue du George Michael dans l'église pour en montrer l'acoustique.

Les membres du clergé semblent avoir investi TikTok et utilisent à merveille les codes de la plateforme. C'est sûrement le père Vincent Cardot, surnommé le @curedetiktok, qui a été le premier « prêtre influenceur » en France. Il crée son compte en mars 2020 pendant le premier confinement dû au covid-19 : face à la fermeture des lieux de culte, TikTok lui permet de garder un lien avec ses paroissiens et d'autres catholiques. Le réseau social lui permet de faire preuve de spontanéité et d'originalité. C'est ainsi que, chaque dimanche, le père Vincent Cardot publie une vidéo où il résume son homélie (commentaire de la Bible) en seulement une minute.

Les « prêtres de TikTok » répondent aussi dans leurs vidéos aux questions des jeunes sur la foi, le Christ, l'Église... Cet outil permet de toucher un public beaucoup plus large, puisque le @ curedetiktok possède déjà 69,9 K d'abonnés ; et le @perematthieu, autre figure d'influence, en réunit 772,7 K sur sa page.

@curedetiktok

@perematthieu

Le phénomène est donc pris au sérieux par l'Église catholique, qui a réuni au sein de la Conférence des évêques de France un groupe de travail autour de TikTok. Le diocèse de Paris a même créé son propre compte, appelant les fidèles à proposer des vidéos. Cependant, la liberté de parole pour les prêtres reste complexe. À l'exemple de la vidéo du père Matthieu, publiée le 23 août 2021, dans laquelle il répond à un internaute en assurant que l'homosexualité n'est pas un péché. La réaction de son diocèse et des évêques a été de prendre ses distances.

À côté des figures du clergé, les fidèles sont aussi très présents sur TikTok. Ils y parlent de leur foi, créent des #chretienchallenge (à l'exemple du « As-tu déjà ? » version catho) et décomplexent la parole. Preuve que la communauté engage la conversation, les hashtags #chretien et #catholique dépassent les centaines de millions de vues, voire plusieurs milliards pour le hashtag #jesuschrist.

97

Comment un jus de fruit et une vieille ballade folk ont-ils changé le cours de TikTok et la vie d'une famille américaine ?

Nathan Apodaca - *alias* Doggface - est un père de famille qui s'amuse avec ses filles sur les chorégraphies poussées par TikTok. Ce qu'il aime, lui, ce sont les musiques un peu *vintage* qu'il déniche pour elles. Et, un jour, sans crier gare, il devient extrêmement populaire après avoir posté une vidéo de lui en train de faire du skate, tout en buvant du jus de cranberry Ocean Spray, le tout sur *Dreams*, de Fleetwood Mac.

Mais comment expliquer la popularité d'une vidéo qui semble tellement banale - et qui est pourtant entrée dans le panthéon des vidéos TikTok mondiales ?

Certains affirment que ce serait dû à la nonchalance de l'auteur, ou à l'esprit même de cette vidéo, ou à la musique, ou encore au timing de publication. Bref, beaucoup d'hypothèses, mais peu de réponses précises.

En réalité, la meilleure réponse est clairement liée à l'algorithme de TikTok et sa construction en Content Graph[1], qui ont permis à la vidéo de

1 - Qui met en avant les contenus les plus créatifs, même si l'on ne suit pas le créateur.

Nathan d'avoir une viralité instantanée et une visibilité sans précédent. Une semaine après sa publication, elle comptait déjà plus de 33 millions de vues !

La vidéo est reprise, détournée, remaniée ; tout le monde surfe sur cette popularité inattendue ! De Fleetwood Mac au PDG d'Ocean Spray, en passant par monsieur-tout-le-monde ou le shérif d'une petite ville américaine, chacun tente de s'approprier la vidéo, et un peu de cet engagement.

Pour le remercier pour ce placement de produit non sollicité, Ocean Spray offre à Nathan un pick-up rempli de bouteilles de jus de cranberry. Au moment de la vidéo, il vit dans une caravane sans eau courante. Lorsque la communauté TikTok l'apprend, elle rassemble près de 10 000 dollars pour lui offrir un logement décent ! Grâce à cet engouement massif, Nathan passe de 700 000 abonnés à plus de 2 millions, en moins de deux semaines, et devient ainsi un véritable influenceur. Il compte aujourd'hui 7 millions d'abonnés, ce qui lui permet de générer des revenus.

L'autre grand gagnant de cette viralité hors norme est aussi le groupe de musique, Fleetwood Mac : les streamings de *Dreams* ont augmenté de 89 % ; et les ventes, de 374 % !

Ce que nous retenons avant tout, c'est le pouvoir de l'authenticité, de la musique et de l'algorithme, qui ouvre des portes de façon tout simplement incroyable !

98

Et si TikTok nous apprenait à faire des pâtes à la feta ?

Chaque fois que vous entendez parler de recettes révolutionnaires sur TikTok, vous êtes sûrement partagé entre scepticisme et peur, car c'est souvent du fromage partout, des mélanges douteux de saveurs (kiwi-curry), des rainbow-cakes à six étages, ou des toasts sirène[1].

Pourtant, une tendance nouvelle a émergé de TikTok : une recette simple, avec peu d'ingrédients (des pâtes, des tomates et du fromage) ; et, clairement, le monde entier s'est enflammé et passionné pour ces pâtes à la feta.

La blogueuse finlandaise Jenni Häyrinen semble être la créatrice principale de cette recette d'*uunifetapasta* (en finnois) – « pâtes à la feta, cuites au four » –, mais c'est Yumna Jawad, @feelgoodfoodie, puis MacKenzie Smith, @grilledcheesesocial, qui ont ouvert la porte à la viralité de cette recette.

Le hashtag #fetapasta monte à plus de 662 millions de vues ; le hashtag #bakedfetapasta, à 88 millions ; et plus de 47 000 vidéos de pâtes à la feta sont recensées sur TikTok.

1 - « *Mermaid Toast Wants to Be a Part of Your World* », consultable sur le site www.eater.com

On parle même des ventes de feta qui ont explosé de plus de 117 % aux États-Unis.

Voici, tout d'abord la recette originale de ces fameuses pâtes à la feta[2], mais ce qui est intéressant est de comprendre plutôt les raisons de cette explosion sociale, et les étapes de cette réussite, qui sont en fait, très simples à reproduire :

- une recette simple et facile - compréhensible par tous ;
- des ingrédients accessibles et pas très chers ;
- des consignes qui donnent l'impression d'être un artiste culinaire, mais en toute simplicité.

Voici pourquoi la magie TikTok opère : on est loin des vidéos stylisées de chefs ou d'experts culinaires dans des cuisines de restaurants étoilés ; on est dans le réel, des amateurs dans leur cuisine normale, avec des plats en Pyrex, sans prétention et sans avoir d'audiences se comptant en millions. Et l'algorithme, qui laisse la place à la créativité avant tout, frappe encore.

Bon appétit !

2 - L'originale finlandaise, « *Baked Feta Pasta Original Recipe* » se trouve sur le site www.liemessa.fi, et elle est délicieuse !

99

Et si on partageait quelques vidéos que vous ne devez pas manquer ?

On ne pouvait pas clore cette partie insolite de TikTok sans vous parler de quelques vidéos qui ont marqué, amusé, fait hurler d'effroi ou de dégoût la communauté TikTok !

1. Pour débuter sur l'insolite, voici, en mars 2020, des candidats de téléréalité enfermés dans une maison, qui découvrent qu'il y a une pandémie à l'extérieur ! Leurs réactions sont dignes d'une série télé avec des zombies !

   Le tout, en deux parties, pour créer encore plus d'engagement :

   Partie 1 Partie 2

2. Avez-vous une idée du monde invisible dans lequel nous vivons ? Avez-vous déjà vraiment regardé la pointe d'un stylo Bic ou la coquille d'un œuf ?

   Stylo Bic Coquille d'œuf

Ce compte vous emmène dans l'observation microscopique des objets qui nous entourent. Et c'est fabuleux !

3. Avec plus de 930 000 abonnés, mais surtout plus de 7,7 millions de « J'aime », ce compte ne présente que 28 vidéos - dont certaines avec plus de 30 millions de vues - où l'on voit une femme manger des plats indescriptibles et absolument dégoûtants.

À regarder, pour être certain de ne jamais avoir envie de manger certaines choses[1].

4. Vous souvenez-vous de ce tube de l'été 1993, succès planétaire, qu'est la *Macarena* ? Elle vous avait manqué ? Vous la sifflez régulièrement, le matin, en allant travailler ?

Le magazine de mode *Vogue* vous a entendu, et la remet au goût du jour avec des vidéos et un hashtag #VogueMacarena, pile pour le printemps 2022. Alors, ne boudons pas notre plaisir, et repartons sur la chorégraphie de Mia Frye.

5. Enfants des années 1990, vous souvenez-vous des familles Sylvanian et de leurs personnages, animaux anthropomorphes ?

Plongez cette douceur dans un monde de drames modernes, et vous obtenez ce compte hilarant, qui reprend les codes des séries pour adolescents, tout en s'en moquant allégrement. Un délice piquant !

1 - Âmes (et estomacs) sensibles, s'abstenir !

Enfin, en bonus, moins insolite, mais un incontournable de la culture TikTok, vu plus de 20 millions de fois : un chant marin du XIXe siècle - *Wellerman* - repris par un facteur écossais, Nathan Evans - qui est devenu… chanteur !

Et nous ne vous cachons pas que les reprises en sont aussi très drôles, de Kermit la grenouille à Sophia Smith Galer, pour parler de l'actualité.

Kermit la grenouille

Sophia Smith Galer

Conclusion

100

Quel sera le futur de TikTok ?

TikTok a une croissance insolente ; et cela devrait fortement inquiéter Instagram, qui, malgré tout, a annoncé ses 2 milliards d'utilisateurs, quelques semaines après le milliard de TikTok.

Instagram a pour lui la faveur d'une multiplicité d'annonceurs - qu'ils soient de grandes entreprises ou des TPE-PME. Mais, à l'instar de Facebook, la plateforme commence à lasser les utilisateurs, jeunes et moins jeunes, qui subissent une forte pression publicitaire, de même qu'un univers de plus en plus aseptisé.

TikTok a pour lui un contenu original, divers, émotionnel, mais part avec un intérêt moindre des annonceurs. Ne doutons pas qu'au fil du temps, l'audience et les performances feront oublier les questionnements sur la *brand safety*, et il y a fort à parier que les investissements sur TikTok exploseront dans les prochaines années.

En parallèle, TikTok va faire évoluer sa plateforme, pour rester à la pointe de l'innovation, comme elle l'est actuellement. Et nous pensons qu'elle suivra aussi la tendance du « métavers », lancée par Meta (ex-Facebook). En effet, actuellement, plusieurs plateformes se partagent le marché des médias sociaux.

Dans ce que l'on appelle le « Web3 », il y aura aussi plusieurs univers virtuels ; gageons que TikTok en fera partie.

101

Et si on prédisait le devenir de TikTok ?

En débarquant avec fracas, en 2018, dans nos publicités Instagram, YouTube et Facebook, TikTok a été considéré comme un ovni venu de Chine.

Près de trois ans après cette arrivée, la vision, les usages et les perceptions de cette plateforme sociale ont fortement évolué, comme nous l'avons indiqué dans la réponse à la question précédente.

Nous souhaitons compléter ses propos en apportant notre regard sur ce que pourrait devenir TikTok dans les mois et années à venir.

Johanna : Je suis convaincue – et, il faut bien l'avouer, j'espère aussi ! – que TikTok se positionnera comme la plateforme de visibilisation des minorités et d'engagement pour les causes importantes. Les défis sont nombreux – réchauffement climatique, inclusion, égalités des droits... – et la démocratisation de la prise de parole que permet TikTok est une opportunité de taille pour faire bouger les lignes.

Jean-Noël : Pour moi, TikTok sera la plateforme de *learning* et d'engagement pédagogique. L'effort sera fait pour créer des passerelles avec les plateformes de formation (LMS[1]) des entreprises et des institutions. Chacun pourra ainsi apprendre

1 - *« Learning management system »* : www.fr.wikipedia.org/wiki/Learning_management_system

tout contenu, sur tout support, et à tout moment – ce qui est, à mon sens, la clé des compétences de demain.

Benjamin : J'imagine TikTok comme le septième continent et comme n'étant plus étiqueté « réseau social des jeunes ». J'imagine aussi TikTok bousculer les majors du *streaming*, en devenant producteur de films et documentaires, déranger les poids lourds de l'e-commerce en devenant la plateforme privilégiée pour le *fast shopping*, et, enfin, susciter la convoitise des agences de voyages en proposant des services de visites réelles ou virtuelles de destinations touristiques.

Et vous, comment voyez-vous le futur de TikTok ?

Qui sont les auteurs

Jean-Noël Chaintreuil

Il est directeur d'un cabinet d'accompagnement au changement, spécialiste en transformations culturelles. Il est maître de conférences associé à la Sorbonne, et enseigne sur les mécanismes de communication et d'engagement.

Grâce à TikTok, il assouvit sa passion de la cuisine méditerranéenne et se rêve futur danseur de tango argentin.

Johanna Lemler

Elle est DG d'un cabinet de conseil et de formation, spécialiste dans le domaine de la beauté et des cosmétiques.

Elle enseigne, au Celsa, les stratégies de communication et d'influence.

Son expertise en tendances beauté lui vient de TikTok, ainsi que sa recette secrète de gnocchis violets à la sauge, et elle rêve de monter un #BookTok pour partager son amour de la poésie moderne.

Benjamin Fouks

Il est consultant senior dans un cabinet d'accompagnement au changement, spécialiste en ressources humaines et transformations culturelles.

Basé à Hanoï, il consomme avec frénésie les tendances TikTok du marché vietnamien et plus largement de l'Asie du Sud-Est. Passionné par la pédagogie, il s'attache à expliquer à un large public, pour le rassurer, les usages et opportunités offerts par cette plateforme.

Il a coordonné la relecture de l'ensemble des questions, travaillé sur l'accessibilité et l'harmonisation des rendus et a piloté le travail graphique des questions 4 et 5 avec Janeth Chavez.

Il a également rédigé les réponses aux questions 7, 72, 89, 90, 91 et a participé au traitement des questions 75, 92 et 101.

Qui sont les contributeurs ?

Camille Barbry, consultante et créatrice de contenus.

Sur TikTok : @lageekosophe

Elle a rédigé les réponses aux questions 45, 46 et 47.

Céline Beckrich

Elle est consultante en social média et formatrice reconnue, depuis de nombreuses années.

Elle est membre de la Brigade de Web et a monté une formation complète sur TikTok avec Matthieu et Alice.

Vous pouvez retrouver ses expérimentations sur TikTok : @discelineoff

Elle a rédigé les réponses aux questions 19, 20, 21, 22, 35, 36, 42, 43 et 48.

Alice Belgacem Romero

Elle est Social media manager depuis 10 ans, avec une orientation forte sur la mise en lumière des actions à fort impact social et sociétal et les sujets liés à la diversité, l'inclusion, l'accessibilité et le handicap. Elle apporte un vrai regard d'experte sur les problématiques liées aux usages des enfants sur les plateformes sociales et particulièrement sur TikTok. @alicebero

Elle a rédigé les réponses aux questions 25, 26 et 27.

Matthieu Blanco

Il a formé en ligne plus de 350 000 étudiants sur tous les aspects des réseaux sociaux et leurs usages. Il a développé une connaissance solide sur la publicité sociale et partage ici tout ce qui est possible de faire avec la publicité sur TikTok

Il a rédigé les réponses aux questions 61, 62, 63 et 66.

Karim Boukercha, consultant senior, Change Factory

Il a rédigé les réponses aux questions 10, 11, 12 et 13.

Janeth Chavez, directrice artistique, Change Factory

Elle a illustré les réponses aux questions 4 et 5.

Marie Collet

Elle est étudiante en Master 2 Communication Corporate au Celsa.

Intéressée par TikTok, son public et ses codes, elle réalise son mémoire de fin d'étude sur le discours des marques sur la plateforme.

Elle a rédigé les réponses aux questions 77, 78, 79, 81, 87, 96 et 97.

Mathieu Flaig

Il est expert numérique, avec une expérience de plus de quinze ans sur le sujet.

Il est aussi conférencier et enseignant à Sciences Po. Il s'intéresse à TikTok depuis 2019, tant en matière de communication des marques qu'en ce qui concerne les nouveaux usages induits par la plateforme.

Son pseudonyme sur TikTok, Twitter, Instagram et Facebook : @MathieuFlex

Il a rédigé les réponses aux questions 8, 9, 55, 68, 75 92 et 100.

Soraya Khireddine

Cinq ans après avoir créé INFLUENTH, le 1er site sur l'Influence Marketing ; un an après avoir fait percer sa première vidéo sur TikTok (@coachsoraya, 700 k vues, habillée et sans danser) ; elle fonde 4YOU - Agence TikTok, une agence entièrement consacrée à votre succès sur TikTok.

Elle a rédigé les réponses aux questions 16, 34, 44 et 60.

Émilie Marquois

Depuis plus de quinze ans, elle partage son expertise des médias sociaux avec les entreprises et organisations.

Elle est également membre de la Brigade de Web et elle partage son amour des animaux sur TikTok : @emiliemarquois

Elle a rédigé les réponses aux questions 17, 38 et 52.

Lila Seridji, consultante junior, Change Factory.

Elle a participé au traitement des questions 33, 57 et 86.

Achevé d'imprimer en avril 2022
sur les presses de la Nouvelle Imprimerie Laballery
58500 Clamecy
Dépôt légal : mai 2022
N° d'impression : 204012

Imprimé en France

La Nouvelle Imprimerie Laballery est titulaire de la marque Imprim'Vert®